VORWORT

Fast jeder war schon einmal in der Situation, ein Referat im Schulunterricht halten zu müssen. Das Thema ist entweder vom Lehrer vorgegeben oder kann frei gewählt werden. Bei dieser Aufgabe fühlen sich viele unsicher, da sie nicht so genau wissen, wie sie vorgehen sollen. Es treten Fragen auf wie: Welche Literatur soll ich lesen, wo kann ich diese finden, welche Aspekte sollen im Referat behandelt werden und wie präsentiere ich das Thema am besten meinen Zuhörern?

Ein Referat ist jedoch kein Phänomen, das nur in der Schulzeit auftritt. Auch in Ausbildung, Studium oder Beruf kann man immer wieder damit konfrontiert werden, einen Vortrag halten zu müssen.

Der praktische Ratgeber *Schneller & leichter lernen: Referate und Vorträge halten* gibt Ihnen viele praxisnahe Tipps, Referate geschickt vorzubereiten und souverän zu präsentieren. Sie erfahren alles von der Informationssammlung über die Gliederung und Ausarbeitung des Vortrags bis zum Umgang mit Lampenfieber.
Abwechslungsreiche Übungen bieten Ihnen darüber hinaus die Möglichkeit, an konkreten Beispielen zu trainieren.

Viel Erfolg bei der Vorbereitung!

1 INFORMATIONSSAMMLUNG

1.1 EINGRENZUNG DES THEMAS

Ganz egal, ob Ihnen ein Thema vom Lehrer vorgegeben worden ist oder Sie sich selber eines ausgesucht haben, jetzt geht es darum, sich zu überlegen, wie Sie das Thema Ihren Mitschülern präsentieren möchten, d. h. welche Themenschwerpunkte Ihnen wichtig erscheinen.

Es ist von Vorteil, das Thema von vornherein einzugrenzen, um sich bei der Ausarbeitung nicht zu verzetteln und die Zuhörer bei der Präsentation nicht mit Informationen zu überfluten. Auch im Hinblick auf die vorgegebene Redezeit ist eine Eingrenzung des Themengebietes sinnvoll.

▶TIPP

Klären Sie mit Ihrem Lehrer genau ab, welche Gesichtspunkte des Themas besonders hervorgehoben werden sollen. Machen Sie ihm dabei selbst Vorschläge, wie Sie die Schwerpunkte gern setzen würden. Auch über die gewünschte Dauer des Vortrages sollten Sie sich genau informieren, denn davon hängt es unter anderem ab, wie stark Sie das jeweilige Thema eingrenzen müssen.

Eine gute Strategie hierfür ist das so genannte *Mind-Mapping*. Der Begriff *Mind-Mapping* bedeutet soviel wie *mentale Landkarte*.

Zu diesem Zweck nehmen Sie sich ein weißes DIN-A4- oder DIN-A3-Blatt und legen es quer vor sich auf den Tisch. Sie können es auch an die Wand kleben. In die Mitte des Blattes schreiben Sie das Thema, das so genannte *Hauptwort*. Am besten versuchen Sie, dieses *Hauptwort* in einem Begriff zusammenzufassen.

Es ist auch möglich, dieses zeichnerisch oder in Form eines Symbols darzustellen. Um dieses Wort schreiben Sie nun alle Begriffe, die Ihnen zum Thema einfallen. Notieren Sie auch Wörter, die Ihnen völlig unsinnig erscheinen. Wenn die Mind-Map erst einmal fertig gestellt ist, bleibt Ihnen noch genügend Zeit, die einzelnen Begriffe noch einmal dahingehend zu prüfen, ob Sie für Ihren Vortrag tatsächlich relevant sind. Unpassende Wörter können Sie dann immer noch wegstreichen. Die einzelnen Wörter werden durch Linien, so genannte *Äste*, mit dem Thema (Hauptwort) verbunden.

In der Abbildung 1.1 ist dies anhand eines Beispiels dargestellt. Zur Veranschaulichung stellen Sie sich vor, dass Sie im Erdkundeunterricht über das Thema „Die Wüste – ein Grenzraum des Lebens" referieren sollen. Die Mind-Map hierzu könnte so aussehen, wie es auf der folgenden Seite dargestellt ist. Sie können aber auch andere Begriffe verwenden.

Für die einzelnen Begriffe können Sie, genau wie beim *Hauptwort*, natürlich auch Symbole oder Zeichnungen benutzen. Ferner ist es praktisch, mit mehreren Farben zu arbeiten, mit denen die einzelnen Äste hervorgehoben werden können.

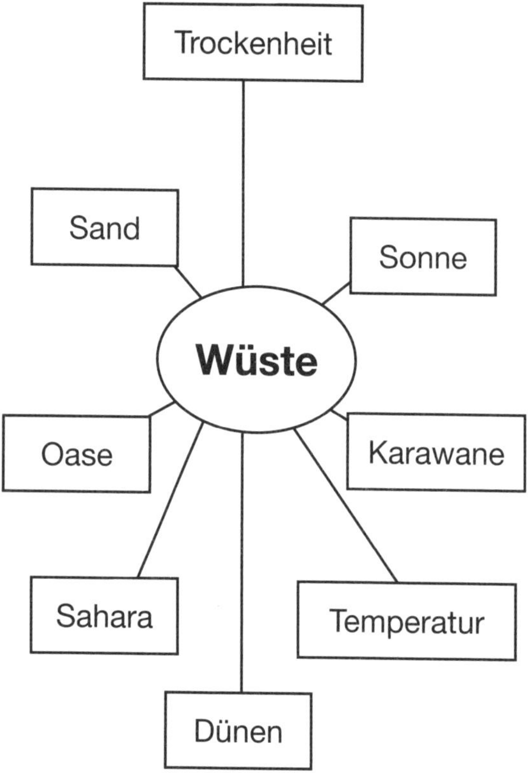

Abbildung 1.1

Für die Begriffsuche sollten Sie nicht allzu viel Zeit verwenden. Fällt Ihnen nach fünf bis sieben Minuten nichts mehr ein, so suchen Sie sich vier bis sechs Wörter heraus, die Ihnen als wichtigste Oberbegriffe geeignet erscheinen. Sie können nun entweder die Äste Ihrer Oberbegriffe farbig markieren, um eine bessere Übersicht zu erhalten, oder eine neue Mind-Map anlegen, in der Sie nur das Thema mit den ausgewählten Begriffen darstellen.

Zu den einzelnen Oberbegriffen fügen Sie nun weitere Linien, so genannte *Zweige*, mit dazugehörigen Begriffen hinzu. Diese Zweige können Sie ebenfalls um weitere, feinere Zweige ergänzen. Wie das für das Thema „Die Wüste – ein Grenzraum des Lebens" aussehen könnte, ist der Abbildung 1.2 zu entnehmen.

Es ist wichtig, dass Sie für jede Linie nur ein Wort verwenden. Benutzen Sie hauptsächlich Substantive, Verben und Adjektive. Die Wörter sollten so gewählt sein, dass Sie Assoziationen oder Vorstellungsbilder auslösen. Zur besseren Übersicht können ganze Äste farbig eingerahmt werden.

Übung 1: Gestalten Sie zu dem Thema „Urlaub" eine Mind-Map. Schreiben Sie das Thema in die Mitte eines großen weißen Blattes. Fügen Sie dann alle Begriffe hinzu, die Ihnen zu dem Thema einfallen. Versuchen Sie bei der Gestaltung so vorzugehen, wie es im Vorfeld beschrieben worden ist. Einen Lösungsvorschlag entnehmen Sie dem Anhang.

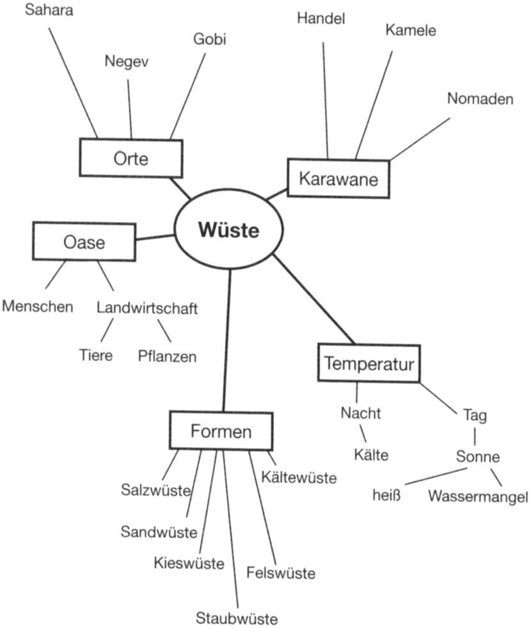

Abbildung 1.2

▸ CHECKLISTE: MIND-MAP

- Gestalten Sie sich ein DIN-A3- oder DIN-A4-Blatt und hängen Sie es gut sichtbar an die Wand.
- Thema in einem Wort formulieren oder als Zeichnung/Symbol darstellen.
- Schreiben Sie alles auf, was Ihnen zum Thema einfällt – auch wenn es zunächst unwichtig erscheint.
- Suchen Sie aus den notierten Begriffen Oberbegriffe aus.
- Zu den Oberbegriffen passende Unterbegriffe suchen und ebenfalls notieren.
- Verwenden Sie zur besseren Anschaulichkeit verschiedene Farben und Symbole.

Haben Sie alle wesentlichen Begriffe zusammengetragen, dann sollten Sie diese zuerst in einem Lexikon nachschlagen. Möglicherweise finden Sie hier Hinweise zu weiteren Begriffen, die Sie in Ihre Mind-Map mit aufnehmen und in das Referat einbauen können.

Wenn Sie der Meinung sind, dass Ihre Mind-Map jetzt alle wichtigen Begriffe enthält, können Sie damit beginnen, die entsprechende Literatur zu suchen, die Ihnen über die einzelnen Bereiche Ihres Themas Klarheit verschafft. Hierfür stehen unterschiedliche Quellen zur Verfügung. Im Folgenden werden die wichtigsten überblickartig aufgeführt. Sie erfahren anschließend, wie man mit ihnen arbeitet und für welche Zwecke sie besonders geeignet sind.

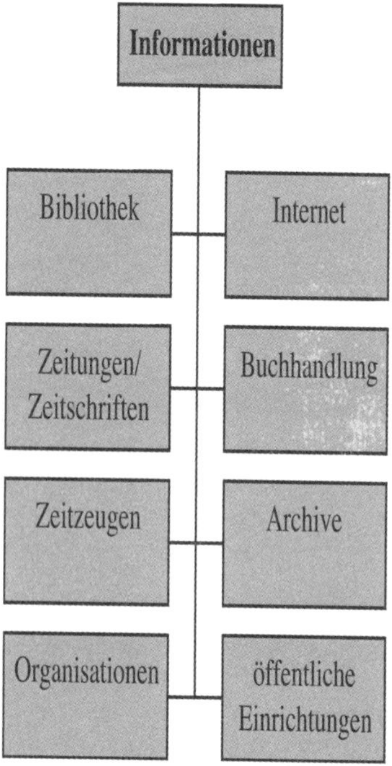

Abbildung 1.3

Weiß man diese Quellen gut zu nutzen, so wird man für sein Referatsthema geeignete Literatur oder auch andere Medien

finden, denen man interessante Informationen entnehmen kann. In den folgenden Teilkapiteln werden die Besonderheiten aller Informationsquellen erläutert.

TIPP

Beachten Sie, dass man bei der Recherche auch zu viel des Guten tun kann. Der Rechercheaufwand sollte immer in einem gesunden Verhältnis zu Art und Umfang des Vortrages stehen, den man zu halten hat. Bei einem fünfminütigen Kurzreferat über Max Frisch genügt es sicher, zwei Literaturlexika sowie eine Kurzbiografie zu Rate zu ziehen. Ist ein längerer Vortrag zu einem komplexeren Thema gefordert, sollten Sie sich aber auch nicht zu schnell zufrieden geben und ruhig an allen im Folgenden beschriebenen Stellen recherchieren.

Zeitplanung

Bevor Sie jedoch mit der Suche nach Informationen beginnen, sollten Sie sich einen genauen Plan erstellen, wie viel Zeit Sie für die einzelnen Arbeitsschritte investieren wollen.
Ansonsten besteht die Gefahr, dass Sie sich bei gewissen Arbeitsschritten verzetteln und nicht mehr ausreichend Zeit für die weiteren notwendigen Schritte zur Verfügung haben. Für die zeitliche Einteilung können Sie die Tabelle aus Übung 2 nutzen.

Übung 2: Füllen Sie die Tabelle auf der nächsten Seite gewissenhaft aus und versuchen Sie sich bei Ihrer aktuellen Referatsvorbereitung daran zu halten. Planen Sie deshalb auch zeitliche Puffer ein.

Arbeitsschritt	von: bis:
Informationssammlung	
Auswertung der Literatur	
Erstellen einer Gliederung	
Schreiben des Referatstextes	
Anfertigen von Stichpunktkarten	
Auswahl der audiovisuellen Mittel	
Erstellen eines Handouts	
Üben des Vortrages	

1.2 BIBLIOTHEKEN

Wenn Sie wissen, welche Bücher Sie verwenden möchten bzw. über welche Themenschwerpunkte Sie referieren wollen, dann stehen Ihnen unterschiedliche Bibliotheken zur Verfügung, um nach der geeigneten Literatur zu suchen:

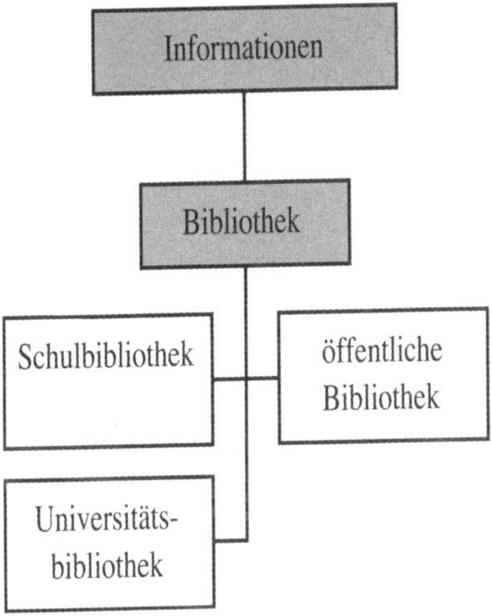

Abbildung 1.4

Schulbibliothek

In der Schulbibliothek sind meist Bücher aus allen Fachbereichen vorhanden, die im Unterricht behandelt werden. Sie können Ihren Lehrer fragen, ob es dort geeignete Fachliteratur zu Ihrem Referatsthema gibt. Wenn Sie sich mit Ihrer Themenwahl nah am Unterrichtslehrplan orientieren, dann werden Sie mit hoher Wahrscheinlichkeit in der Schulbibliothek fündig werden.

Die klaren Vorteile der Schulbibliothek sind ihre leichte Erreichbarkeit, ihr begrenzter Umfang (man findet sich schnell zurecht) und die meist gute Verständlichkeit der dort gesammelten Literatur.

Ist das Thema jedoch etwas umfangreicher, sollte man den Weg in die öffentliche Bibliothek oder in die Universitätsbibliothek nicht scheuen. Schieben Sie Ihre Schwellenangst beiseite, das Bibliothekspersonal wird Ihnen sicher gern weiterhelfen, wenn Sie sich nicht gleich zurechtfinden.

▸TIPP

Die Schulbibliothek eignet sich sicher hervorragend dafür, sich einen ersten Überblick über das Referatsthema zu verschaffen. Bei Kurzreferaten können Sie hier Ihre Recherche unter Umständen bereits abschließen.

Öffentliche Bibliothek

In fast jedem Ort gibt es heutzutage eine Gemeinde- bzw. Stadtbibliothek. Die Bibliotheken sind nach einer bestimmten Systematik organisiert. Es gibt unterschiedliche Bereiche wie Sekundärliteratur, Romane, Naturwissenschaften, Sprachen etc. Jeder Bereich ist für sich noch einmal unterteilt in mehrere Unterbereiche, also der Bereich Naturwissenschaften z. B. in Physik, Chemie und Biologie. Wenn Sie einen Bereich genauer betrachten, z. B. Biologie, so sehen Sie, dass dieser ebenso in mehrere Untergruppen wie Botanik, Zoologie, Ökologie etc. aufgeteilt ist. Zum besseren Verständnis ist dies in Abbildung 1.5 noch einmal dargestellt.

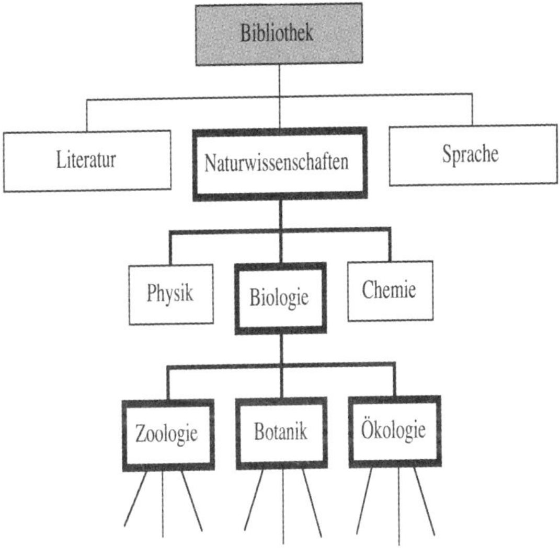

Abbildung 1.5

Die Bücher jeder Gruppe sind nach Autoren alphabetisch geordnet. Jedes Buch ist mit einer Signatur ausgestattet. Dadurch wird Ihnen die Literatursuche erleichtert. Wenn Sie die Bibliothek noch nicht so gut kennen, sollten Sie sich zunächst vom Bibliothekspersonal erklären lassen, nach welchem System die Bibliothek aufgebaut ist und wo welche Abteilungen zu finden sind.

▶ TIPP

Es ist sinnvoll, sich schon frühzeitig mit dem Aufbau und der Systematik einer Bibliothek vertraut zu machen. Besuchen Sie die Bibliothek also ruhig schon im Vorfeld, wenn Sie noch keine Literatur für den Schulunterricht benötigen.

Computer

Die Suche nach der geeigneten Literatur gestaltet sich relativ einfach. In den meisten Bibliotheken steht Ihnen für die Literatursuche ein Computer zur Verfügung. Wenn Sie einen bestimmten Buchtitel suchen, können Sie in die Suchmaske den Titel des Buches oder Stichwörter des Titels, den Autor, die Medienart oder die ISBN-Nummer eingeben. Haben Sie nur bestimmte Begriffe zur Verfügung, so können Sie diese in die Rubrik „Schlagworte" eingeben. Wenn Sie dann mit der Maustaste oder der entsprechenden Tastenkombination auf das Feld „Suche starten" gehen, so wird der gesamte Bibliotheksbestand nach dem gesuchten Buch oder nach den eingegebenen Schlagworten durchsucht. Das Ergebnis der Suche wird dann in einer Trefferliste angezeigt. Wählen Sie den Anzeigemodus „Vollanzeige", so wird jeder Titel mit Autor, Erscheinungsjahr, ISBN-Nummer und interner Bibliothekssignatur dargestellt. Für das Referatsthema „Wüste – ein Grenzraum des Lebens" geben Sie in die Suchmaske das Schlagwort „Wüste" ein, als Medienart wird „Buch" gewählt. Wählen Sie einen Titel in der Trefferliste aus, so wird er in der Vollanzeige folgendermaßen dargestellt:

Medienart	Buch
Autor	Cropp, Wolf-Ulrich
Titel	Wüsten – Leben in der Todeszone; Menschen, Tiere, Pflanzen; Erlebnisse und Forschungen in den großen Trockenräumen unserer Erde
Erschienen	Hannover: Landbuch-Verlag 1992
Kollektionsvermerk	272 S.: zahlreiche Illustrationen, Kt.; 22 cm
Sprache	Deutsch
ISBN	3-7842-0478-3
Nummer	93.006775.4 (Nummer der deutschen Bibliografie) 93,A03,0639 (Nationalbibliografienummer (NBN))
Einzelschlagwort	Wüste
Lokale Systematik	E 117 Erdoberfläche, Landschaftsgürtel, Gewässerkunde und Meereskunde, Biogeografie
Exemplare	Bibliothek E 117 Cropp: verfügbar

In der Rubrik „Exemplare" wird angezeigt, ob der gesuchte Titel momentan in der Bibliothek verfügbar ist. Sollte er ausgeliehen sein, so wird der Rückgabetermin angegeben. In diesem Fall ist es möglich, am Computer den gewünschten Titel für sich vorzumerken.

Bibliografien

Suchen Sie Literatur zu einem bestimmten Thema, dann sind Bibliografien äußerst hilfreich. Bei einer Bibliografie handelt es sich um ein Literaturverzeichnis, in dem Bücher, Schriften und andere Veröffentlichungen systematisch erfasst und beschrieben werden. Für jedes Buch oder jede Schrift werden Angaben zu Verfasser, Titel, Erscheinungsort, Erscheinungsjahr, Band und Seitenzahl gemacht.

Präsenz- und Leihbibliothek

Die Bibliothek, die Sie aufsuchen, kann sowohl Präsenz- als auch Leihbibliothek sein. Die *Präsenzbibliothek* beinhaltet zumeist Nachschlagewerke oder seltene Bücher, die Sie im Lesesaal einsehen, jedoch nicht ausleihen können. Der Begriff *Leihbibliothek* bedeutet, dass die Bücher für einen gewissen Zeitraum (in der Regel für vier Wochen) ausgeliehen werden können.

Fernleihe

Sind die gewünschten Bücher nicht in der Bibliothek vorhanden, so besteht die Möglichkeit, diese aus anderen Bibliotheken innerhalb Deutschlands zu bestellen und auszuleihen. Da nicht jede Bibliothek an das Fernleihsystem angeschlossen ist, sollten Sie vorher in Ihrer Bibliothek nachfragen, ob dies dort möglich ist. Bei der Fernleihe ist allerdings zu berücksichtigen, dass diese meistens kostenpflichtig ist und es in der Regel zwei bis vier Wochen dauern kann, bis der gewünschte Titel geliefert wird.

Wenn die entsprechenden Materialien vor Ort nicht verfügbar sind, und erst über Fernleihe bestellt werden müssen, dann sollten Sie sich vorher gut überlegen, ob diese Quellen wirklich so entscheidend für die Vorbereitung Ihres Referats sind oder ob sich vielleicht Alternativen finden lassen. Studieren Sie Ihren Zeitplan (vgl. Tabelle auf S. 14) und wägen Sie sorgsam ab, ob Sie durch die zwei oder vier Wochen Wartezeit bei der Ausarbeitung Ihres Vortrages nicht in Bedrängnis geraten könnten.

Ist jedoch noch genügend Zeit vorhanden und das gewünschte Material viel versprechend, dann kann die Fernleihe eine wertvolle Unterstützung dabei sein, vielfältiges Quellenmaterial einzusehen. Durch das Angebot der Fernleihe sind Sie unter Umständen nicht dazu gezwungen, auf die zweite Wahl in Ihrer Literaturliste zurückzugreifen.

Universitätsbibliothek

Die Universitätsbibliothek ist eine zentrale Bibliothek, die allen Studenten und Mitarbeitern der Universität zur Verfügung steht. Für Schüler kann es unter Umständen schwierig sein, einen Benutzerausweis für diese Bibliotheken zu bekommen. Jedoch sind die Lesesäle für alle zugänglich, sodass Sie die Literatur entweder vor Ort durcharbeiten oder sich die entsprechenden Artikel fotokopieren können.

Zudem gibt es an jedem Institut der Universität eine Bibliothek, die überwiegend Literatur aus dem jeweiligen Fachbereich enthält. In der Universitätsbibliothek und auch in den Institutsbibliotheken besteht – genau wie in der öffentlichen Bibliothek – die Möglichkeit, am Computer nach geeigneter Literatur zu suchen.
Man geht hierbei genauso vor wie in einer öffentlichen Bibliothek. Es ist jedoch auch möglich, anhand eines Kataloges nach der Literatur zu suchen. Bei diesem Katalog handelt es sich um Karteikästen, in denen die Literatur nach Autoren oder nach Schlagworten alphabetisch geordnet ist. Auf jeder Karte sind Titel, Autor, Erscheinungsjahr und die Signatur des Schriftstückes oder des Buches angegeben. Die Bücher sind auch in der Universitätsbibliothek systematisch geordnet. Hier empfiehlt es sich ganz besonders, dass Sie sich vom Bibliothekspersonal in diese Systematik einweisen lassen.

▸TIPP

Wenn Sie über einen Internetzugang verfügen, dann können Sie auch von zu Hause aus in den Bibliothekskatalogen suchen. Im Internet haben Sie Zugriff auf nationale und internationale Kataloge. Auf den *Info-Seiten* dieses Buches finden Sie einige Adressen, die bei der Recherche hilfreich sein können.

1.3 INTERNET

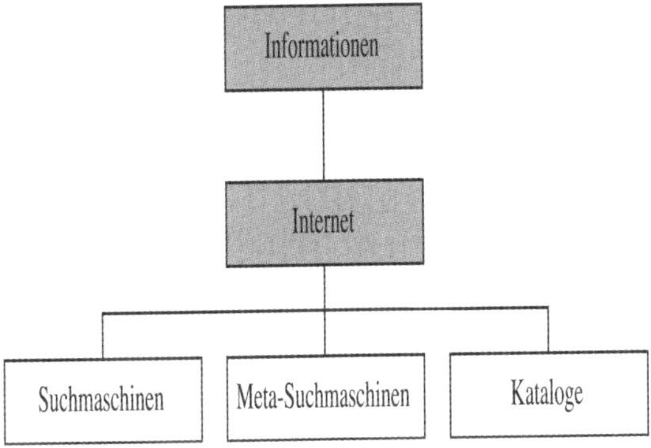

Abbildung 1.6

Wenn Sie über die Möglichkeit verfügen, das Internet zu nutzen, so haben Sie jederzeit Zugriff auf eine Vielzahl an Informationen. Dies kann bei der Recherche zu einem bestimmten Thema äußerst hilfreich sein. Da im Internet jedoch täglich neue Webseiten hinzukommen, kann die Fülle an Informationen auch so groß werden, dass man sich kaum zurechtfindet. Oftmals ist man dann ratlos, wie man sich durch die vielen Quellen durcharbeiten und welche Quelle man für das Referat auswählen soll.

Aufgrund dessen ist es wichtig, dass Sie sich im Vorfeld genau überlegen, welche Informationen Sie benötigen. Dadurch können Sie die Suchergebnisse auf ein sinnvolles Maß beschränken. Die Suche zu verkürzen ist zeit- und auch kostensparend, was insbesondere bei der Internetrecherche von zu Hause aus bedeutsam ist.

Suchmaschinen

Die Suchmaschinen funktionieren derart, dass automatisch Adressen aus dem Internet eingelesen werden und mit den dabei entnommenen Informationen ein Index erstellt wird. Auf diese Art und Weise werden die Informationen strukturiert. Geben Sie nun einen oder mehrere Suchbegriffe ein, dann wird dieser Index vom Suchprogramm nach den entsprechenden Begriffen durchsucht. Die Ergebnisse der Suche werden in einer Trefferliste dargestellt. Die Indices der unterschiedlichen Suchmaschinen können verschiedene Eintragungen beinhalten. Gibt man einen Suchbegriff in mehrere Suchmaschinen ein, so werden unter Umständen jeweils unterschiedliche Ergebnisse präsentiert. Deshalb sollten Sie sich vorher überlegen, welche Suchmaschine Sie nutzen wollen. Eine Auswahl unterschiedlicher Suchmaschinen ist auf den *Info-Seiten* zu finden.

TIPP

Planen Sie genügend Zeit für die Recherche im Internet ein. Aufgrund der Informationsvielfalt ist man oft länger damit beschäftigt, als man zu Beginn angenommen hat.

Sie werden möglicherweise bei der Recherche im Internet schon festgestellt haben, dass die Trefferlisten teilweise sehr lang sind und man mit dieser Flut an Informationen nicht viel anfangen kann. Dies liegt zum größten Teil daran, dass Sie die Suchabfrage sehr allgemein gehalten haben. Um die Suche zu optimieren, gibt es einige Regeln für die Arbeit mit Suchmaschinen:

Regeln für die Arbeit mit einer Suchmaschine

Viele Suchmaschinen verfügen über eine so genannte *Erweiterte Suche* bzw. *Detailsuche*. Hier können mehrere Suchwörter miteinander verbunden werden. Im Folgenden sollen die gängigsten Operatoren vorgestellt werden, die den entsprechenden Suchbegriffen vorangestellt werden können, damit Sie schneller zum Erfolg kommen.

- **AND** bzw. **+:** Es werden nur die Internetseiten berücksichtigt, bei denen die Begriffe, die mit diesem Operator verbunden sind, vorkommen. Die Reihenfolge der Begriffe ist hierbei unerheblich.

- **OR:** Hier werden nur die Ergebnisse angezeigt, bei denen einer der angegebenen Begriffe vorkommt.

- **NOT** bzw. **–:** Es werden nur Internetseiten gesucht, wo dieser Begriff nicht auftaucht.

- **„…“:** Setzt man bestimmte Phrasen in Anführungszeichen, so werden nur Dokumente angezeigt, die diese beinhalten.

- **ADJ:** In der Trefferliste werden nur die Internetseiten angezeigt, in denen beide bzw. alle Suchbegriffe nebeneinander stehen. Die Reihenfolge der Suchbegriffe bleibt hier unberücksichtigt.

- **BEFORE:** Hiermit wird die Reihenfolge der Begriffe festgelegt. Es steht hier der erste vor dem zweiten Suchbegriff.

- **(...)** Mit Klammern lassen sich komplexe Suchabfragen gestalten, z. B. „AND ... (... OR ...)"; es sollen hier also Internetseiten gefunden werden, in denen der erste Suchbegriff zusammen mit dem zweiten oder dem dritten Suchbegriff auftaucht.

Um noch einmal deutlich zu machen, wie wichtig das Eingrenzen der Suche ist, wird an dieser Stelle erneut das Referatsthema „Wüste – ein Grenzraum des Lebens" aufgegriffen. Ruft man im Internet die Seite „www.google.de" auf und gibt in das Suchfeld lediglich den Begriff „Wüste" ein, so enthält die Trefferliste 983 000 Ergebnisse. Sie alle nach brauchbaren Informationen durchzuforsten, würde den Rahmen einer Referatsvorbereitung bei weitem sprengen. In der nachfolgenden Tabelle ist dargestellt, wie durch hinzugenommene Suchbegriffe die Anzahl der Ergebnisse eingeschränkt werden kann. Sie bekommen dann eine Auswahl an Internetseiten genannt, die zu einem hohen Prozentsatz tatsächlich die Informationen enthalten, nach denen Sie suchen.

Begriffe	Ergebnisse
+Wüste	983 000
+Wüste+Leben	430 000
+Wüste+Leben+Menschen	211 000
+Wüste+Leben+Menschen+Tierwelt	2 020
+Wüste+Nomaden	6 340
+Wüste+Nomaden+Lebensbedingungen	851
(Suchergebnisse vom 02.10.2003)	

Es ist zu erkennen, dass die Trefferliste umso überschaubarer wird, je spezieller die Suchbegriffe gewählt werden.

Übung 3: Sammeln Sie Suchbegriffe für Ihr Referatsthema. Probieren Sie zu diesem Zweck unterschiedliche Suchmaschinen aus und überlegen Sie, wie Sie Ihre Suche sinnvoll und effektiv einschränken können. Welche Operatoren eignen sich hierfür? Einen Vorschlag finden Sie im Lösungsteil.

Meta-Suchmaschinen

Mit Meta-Suchmaschinen lassen sich die Bestände von mehreren Suchmaschinen nach den gewünschten Begriffen durchforsten. Entweder werden hierbei gleichzeitig mehrere Suchmaschinen durchkämmt, oder man kann als Benutzer der Meta-Suchmaschine bestimmte Suchmaschinen auswählen. Es wird auch hier eine Liste der Ergebnisse angezeigt. Für eine effektive Suche sind genau die gleichen Operatoren zu benutzen, die im vorangegangenen Teilkapitel beschrieben worden sind.

Kataloge

Es gibt im Internet auch so genannte *Kataloge*. Sie eignen sich sehr gut, um nach Informationen zu bestimmten Themen oder Sachbereichen zu suchen. Kataloge sind in unterschiedliche Kategorien unterteilt, die entsprechende Links zu diesen Themen enthalten.
Die Kategorien werden in der Regel redaktionell erstellt. Oftmals ist es möglich, bestimmte Suchbegriffe einzugeben, nach denen dann die gesamten Kataloge durchsucht werden.

TIPP

Wenn Sie geeignete Informationen gefunden haben, dann speichern Sie sich diese am besten sofort auf der Festplatte Ihres Computers oder auf einer Diskette. Da Internetseiten äußerst kurzlebig sein können, kann es passieren, dass eine gewünschte Seite ein paar Tage später nicht mehr existiert.

Auch ist es bei der Ausarbeitung Ihres Referats leichter, jederzeit Zugriff auf die gefundenen Informationen zu haben. Denken Sie daran, Ihre Internetquelle genau zu erfassen, also mit Internetadresse, Datum der Entnahme aus dem Internet, Name des Autors/der Institution, Titel der Quelle und einer Angabe, wann diese Quelle erstellt worden ist. Auf diese Weise können Sie Ihren Fund korrekt in Ihre Literaturliste aufnehmen und zudem im Referat zitieren – das ist durchaus seriös.

Nachteile der Internet-Recherche

Auch wenn es Ihnen einfacher erscheint, Informationen für ein Thema im Internet zu suchen, als sich nach geeigneter Literatur in der Bibliothek umzuschauen, sollten Sie vorsichtig mit Ihren Suchergebnissen aus dem Internet umgehen. Heutzutage ist fast jeder in der Lage, selbst eine Internetseite zu erstellen. Jeder kann hierdurch Informationen für die Öffentlichkeit bereitstellen. Ein wesentlicher Nachteil zu veröffentlichten Büchern besteht darin, dass Internetseiten nicht auf ihre inhaltliche Richtigkeit überprüft werden. So kann es Ihnen passieren, dass Sie falsche Informationen in Ihr Referat einbauen.

Es gibt leider keine klaren Regeln, nach denen die Glaubwürdigkeit der Informationen aus dem Internet beurteilt werden kann. Jedoch können Sie versuchen herauszufinden, von wem die entsprechende Seite erstellt worden ist. Dies lässt möglicherweise Rückschlüsse auf die Kompetenz des Verfassers zu. Hierfür sollten Sie sich anschauen, wer der Seitenbetreiber ist.

Dazu sehen Sie sich am besten die Startseite an. Hier ist zu erkennen, ob es sich um eine öffentliche Einrichtung, eine Universität, eine bekannte Organisation oder Ähnliches handelt. Sollte dies der Fall sein, dann können Sie davon ausgehen, dass Sie auf eine seriöse Informationsquelle gestoßen sind. Informationen, die Sie auf privat ins Netz gestellten Seiten finden, sollten Sie besser an anderer Stelle nochmals überprüfen.

Ist der Verfasser der betreffenden Seite gar nicht ersichtlich, so sollten Sie ebenfalls vorsichtig sein und diese Information möglicherweise gar nicht nutzen. Bei Internetseiten, die aus dem Ausland stammen, können Sie zumeist am Ende der Internet-Adresse (auch *Top Level Domain* genannt) erkennen, wie die entsprechende Quelle einzuordnen ist:

- **.com** = „commercial“; hier handelt es sich meist um kommerzielle Internetseiten.
- **.edu** = „educational“; über diese Endung verfügen meistens Internetseiten amerikanischer Universitäten.
- ~; dieses Zeichen findet man des Öfteren auf Universitätsseiten. Es zeigt an, dass diese Information von einer Privatperson verfasst wurde.
- **.org**; nicht-kommerzielle Organisationen.
- **.gov** = „governmental“; Internetseiten der amerikanischen Regierungsbehörde.

CHECKLISTE: INTERNET-RECHERCHE

- **Was suche ich? Welche Begriffe will ich verwenden?**
- **Nutzung von (Meta-)Suchmaschinen**
- **Gibt es Kataloge, die ich nutzen kann?**
- **Sind meine Informationen aus dem Internet seriös?**

1.4 ZEITUNGEN UND ZEITSCHRIFTEN

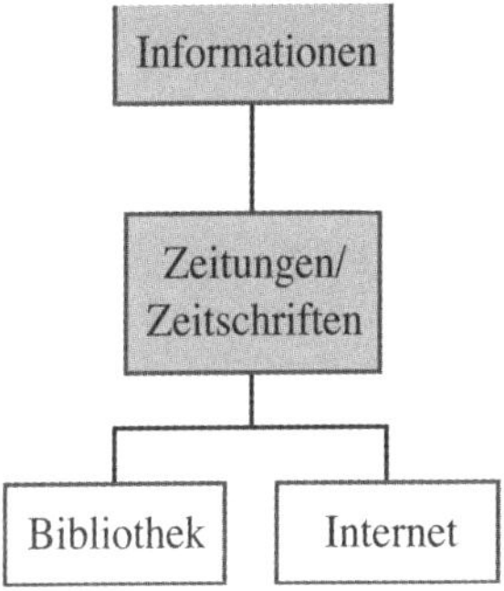

Abbildung 1.7

Je nach Thema können Sie unter Umständen auch in Zeitungen und Zeitschriften aktuelle Informationen zu Ihrem Referatsthema finden. Bei den Zeitungen unterscheidet man zwischen regionalen und überregionalen Zeitungen. Regionalzeitungen erscheinen in der Regel mit einer Haupt- und mehreren lokal orientierten Nebenausgaben, überregionale Zeitungen erscheinen übergreifend in allen Bundesländern.
Darüber hinaus kann man Zeitungen nach der Häufigkeit ihres Erscheinens unterscheiden – und zwar in Tages- und Wochenzeitungen. In Tageszeitungen finden Sie alle aktuellen Informationen in knapper Form dargeboten. In Wochenzeitungen werden bestimmte Themen in einen größeren Zusammenhang gestellt und umfassender behandelt.

Zeitschriften werden in Fachzeitschriften und populäre Zeitschriften aufgeteilt. Fachzeitschriften enthalten in der Regel neueste Forschungsergebnisse zu unterschiedlichen Themengebieten und sind meist für Fachleute verfasst.
Populäre Zeitschriften können auf einen bestimmten Themenschwerpunkt begrenzt sein, sind aber nicht für bestimmte Leser konzipiert, sondern für die allgemeine Bevölkerung. Diese Zeitschriften sind ohne größere Probleme an jedem Zeitungskiosk zu erhalten.

Suche in der Bibliothek
In der Bibliothek stehen Ihnen, wie bereits beschrieben, zwei Möglichkeiten zur Verfügung, nach Zeitungen und Zeitschriften zu suchen.

Computersuche
Zum einen können Sie die Suche am Computer durchführen. Wenn Sie schon genau wissen, welche Zeitung/Zeitschrift Sie benötigen, können Sie in das Feld „Titel" den Namen der Zeitung/Zeitschrift eingeben. Gegebenenfalls können Sie dann noch in dem Feld „Medienart" die Rubrik „Zeitung" oder „Zeitschrift" auswählen. Die Trefferliste zeigt Ihnen dann an, ob der gewünschte Titel in der Bibliothek vorhanden ist und über welche Signatur dieser verfügt.
Wissen Sie noch nicht so genau, welche Zeitschrift für Ihr Referatsthema geeignet sein könnte, so geben Sie in das Feld „Schlagworte" die entsprechenden Begriffe und in das Feld „Medienart" das Wort „Zeitschrift" ein. Es erscheint auch hier

eine Trefferliste, die Hinweise gibt, unter welcher Signatur Sie die geeignete Literatur finden.
Benötigen Sie Fachzeitschriften, so suchen Sie hierfür die Universitätsbibliothek bzw. die infrage kommende Institutsbibliothek auf. Die Suche verläuft entsprechend wie in der öffentlichen Bibliothek.

Katalogsuche
Auch für Zeitungen und Zeitschriften gibt es Kataloge, die in Karteikästen organisiert sind. Entweder ist hier die Anordnung alphabetisch oder nach Themenbereichen. Auf den einzelnen Karteikarten sind der Titel der Zeitung/Zeitschrift, die Angabe, seit wann diese von der Bibliothek bezogen und archiviert wird, und die Signatur aufgeführt.

Suche im Internet
Fast alle Zeitungen und Zeitschriften haben heutzutage eine eigene Internetseite. Die Suche nach einem bestimmten Thema wird durch das Archiv erleichtert. Hier können Sie die bereits veröffentlichten Ausgaben nach bestimmten Begriffen durchsuchen lassen. Die infrage kommenden Artikel werden Ihnen in einer Trefferliste angezeigt. Die entsprechenden Artikel können Sie dann im Internet einsehen. Sie sollten jedoch berücksichtigen, dass einige Artikel kostenpflichtig sind.

Als Überblick sind auf den *Info-Seiten* Internetadressen der gängigsten Zeitungen und Zeitschriften aufgeführt.

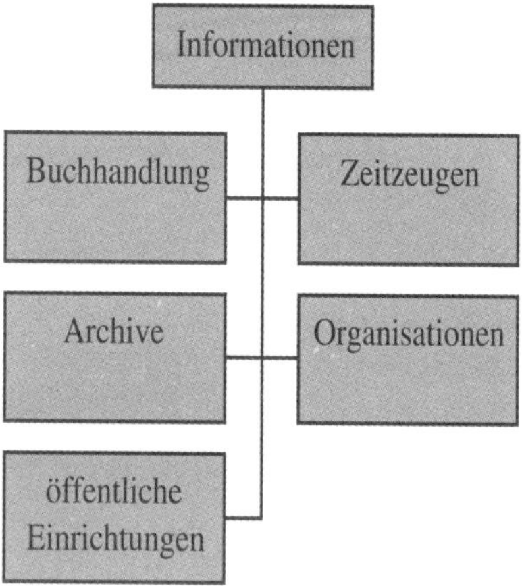

Abbildung 1.8

Buchhandlung

Auch in einer Buchhandlung können Sie nach Literatur forschen. Es ist möglich, in den Regalen zu stöbern und nachzuschauen, ob es Literatur zu Ihrem Thema gibt und wie diese beschaffen ist. Auch können Sie das Personal der Buchhandlung nach geeigneter Literatur fragen. Dieses hat die Möglichkeit, am Computer in Buchkatalogen nachzuschauen. Aufgrund der Kosten für Bücher sollten Sie sich je-

doch gut überlegen, welche Literatur Sie kaufen möchten. Brauchen Sie ein Buch öfter oder für längere Zeit, bietet es sich an, dieses zu erwerben. Der Vorteil eines eigenen Buches besteht darin, dass Sie bestimmte Passagen darin unterstreichen und mit Anmerkungen versehen können. Auch werden Sie dann nicht in die unangenehme Lage kommen, das Buch früher als erhofft abgeben zu müssen, weil eine andere Person sich dieses Exemplar schon in der Bibliothek vorbestellt hat.
Auch im Internet ist es möglich, in Buchkatalogen zu suchen und Literatur zu bestellen. Bei einer solchen Bestellung sollten Sie jedoch die Lieferzeit beachten, die einige Tage betragen kann.

Zeitzeugen
Halten Sie ein Referat über bestimmte politische Ereignisse, die noch nicht so weit zurückliegen, so können Sie hierfür Personen befragen, die diese Zeit miterlebt haben. Auch bei geografischen Themen ist dies über Reiseberichte von Privatpersonen möglich. Diese Berichte nehmen Sie entweder auf Tonband auf oder Sie filmen – falls es möglich ist – mit einer Videokamera. Bauen Sie einige Ausschnitte in Ihr Referat ein, dadurch wird der Vortrag aufgelockert.

TIPP

Achten Sie darauf, dass Sie die Berichte eines Zeitzeugen immer auch als solche wiedergeben und nicht als feststehende Tatsachen verkaufen, da sich in der Erinnerung eines Einzelnen bestimmte Ereignisse leicht verzerren können.

Archive

Archive sind Sammlungen von Schrift-, Bild- und/oder Tonmaterial, die von einer Person oder Institution angelegt worden sind. Es gibt Staatsarchive, Stadtarchive, Wirtschaftsarchive, Familien- und Privatarchive und viele andere mehr. Auch Firmen und Kirchen verfügen teilweise über Archive, auf die Sie bei gewissen Anlässen zurückgreifen können. In einem Archiv lassen sich oft wertvolle Informationen für ein Referatsthema finden.

Ob es in Ihrer Umgebung Archive gibt, erfahren Sie entweder aus dem örtlichen Telefonbuch oder über das Internet, indem Sie in eine Suchmaschine die Begriffe „+Archiv +Name Ihres Heimatortes" eingeben.

Organisationen

Es gibt weltweite Organisationen, die sich auch in Deutschland etabliert haben. Teilweise verfügen sie über Zweigstellen in mehreren Städten. Zu solchen Organisationen zählen unter anderem das *Deutsche Rote Kreuz/Internationale Rote Kreuz*, *Greenpeace* oder auch *Amnesty International*. Organisationen bringen häufig Broschüren zu unterschiedlichen Themen heraus, die man entweder käuflich erwerben oder kostenlos anfordern kann. Adressen von Organisationen am eigenen Wohnort finden Sie im Telefonbuch. Auch im Internet sind viele Organisationen vertreten. Die Internetseiten enthalten eine Vielzahl an Informationen sowie Kontaktadressen und bieten die Möglichkeit der Bestellung von Literatur. Über Organisationen ist es teilweise auch möglich, Kontakte zu Fachpersonen zu knüpfen, die bei der Informationsbeschaffung behilflich sein können.

Öffentliche Einrichtungen

Zu den öffentlichen Einrichtungen zählen Museen, Zoologische Gärten, Botanische Gärten und andere. Diese verfügen meistens über Broschüren oder Kataloge, die Sie einsehen oder erwerben können. Des Weiteren können Sie sich vom Fachpersonal zum Thema beraten lassen. Zur Informationsbeschaffung für politische Themen sind beispielsweise die *Bundeszentrale für politische Bildung* oder auch das *Auswärtige Amt* hilfreich.
Auf den *Info-Seiten* sind einige Adressen von Organisationen und öffentlichen Einrichtungen zu finden.

CHECKLISTE: INFORMATIONSBESCHAFFUNG

- **Zeitraum für die Informationssuche festlegen.**
- **Stichworte zusammentragen (Mind-Mapping).**
- **Die entsprechenden Begriffe in verschiedenen Lexika nachlesen.**
- **Aufsuchen verschiedener Bibliotheken.**
- **Über das Internet nach Informationen suchen.**
- **Gibt es Zeitungen oder Zeitschriften, die ich für mein Thema heranziehen kann?**
- **Gibt es noch andere Quellen zur Informationsbeschaffung?**

2 DIE AUSARBEITUNG DES VORTRAGES

Nachdem Sie in Bibliotheken, im Internet, in Archiven, Museen etc. nach Literatur gesucht haben und fündig geworden sind, werden jetzt auf Ihrem Schreibtisch viele Bücher, Zeitschriften und Artikel liegen.
Bei dieser großen Menge ist es schwierig, sich zu entscheiden, mit welcher Literatur man anfangen will. Man muss sich hierzu gut überlegen, welche Quellen grundsätzliche Informationen zum Thema enthalten – mit diesen beginnen Sie – und welche stärker ins Detail gehen. Einen ersten Überblick geben sicher Artikel aus Lexika. Erst nach deren gründlicher Auswertung sollten Sie sich an die gezielte Lektüre von Büchern und Zeitschriftenartikeln machen.

Die Ausarbeitung des Vortrages nimmt die meiste Zeit in Anspruch. In dieser Arbeitsphase werten Sie die gefundene Literatur aus. Sie müssen entscheiden, welche Artikel für Ihr Referat wirklich geeignet sind. Mithilfe dieser Informationen erstellen Sie dann eine Gliederung des Referates und schreiben im Anschluss daran den Referatstext.
Haben Sie diesen Arbeitsschritt abgeschlossen, dann bereiten Sie Ihre Stichwortzettel, das Anschauungsmaterial und gegebenenfalls ein Handout vor.
Sind Sie mit Ihren Vorbereitungen am Ende angelangt, so empfiehlt es sich, den Vortrag einzuüben.

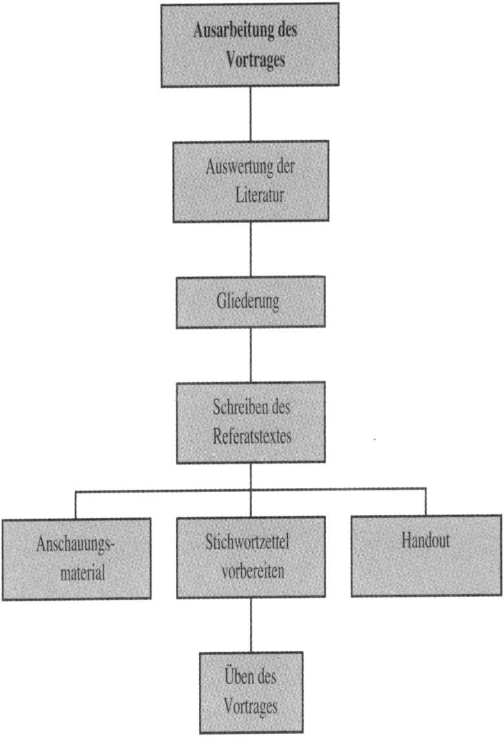

Abbildung 2.1

2.1 AUSWERTUNG DER LITERATUR

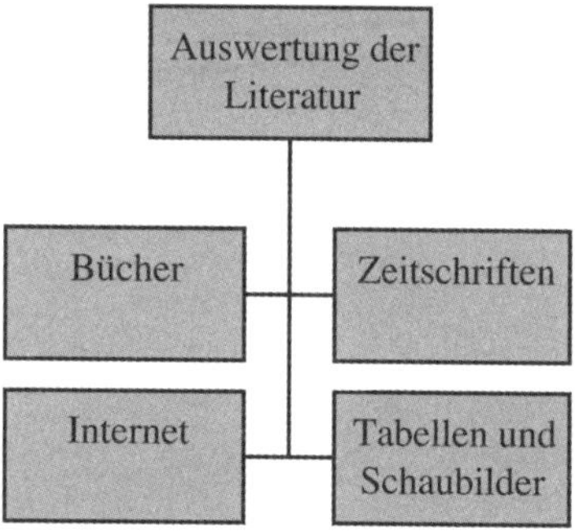

Abbildung 2.2

Bei Ihrer anfänglichen Vorbereitung auf das Thema haben Sie in Ihrer Mind-Map alle wichtigen Begriffe zusammengetragen, die Sie in Ihrem Referat behandeln wollen. Beginnen Sie nun, die Literatur nach diesen Begriffen zu durchsuchen.

Je nach Erfolg der Literatursuche haben Sie unter Umständen sehr viele Bücher und Artikel zu Ihrem Thema finden können. Aufgrund der begrenzten Zeit, die Ihnen zur Verfügung steht, können Sie deshalb nicht alles vollständig und gründlich durchlesen. Die Literatur sollten Sie zu Beginn erst einmal überfliegen. Welche Schlüsselwörter enthält der Text? Gibt es zentrale Aussagen?

Es gibt unterschiedliche Strategien, die Sie anwenden können, um die Literatur systematisch zu sichten.

Bücher

Bei Büchern gibt es verschiedene Möglichkeiten, nach interessanten Stellen zu forschen. Zum einen sollten Sie sich die Einleitung durchlesen. Hier kann es unter Umständen Hinweise auf im Buch behandelte Begriffe und Problembereiche geben. Zum anderen kann das Inhaltsverzeichnis sehr aussagekräftig sein. Diesem ist zu entnehmen, wie das Buch gegliedert ist und welche Inhalte behandelt werden. Sie können hier nachschauen, ob für Ihre Zwecke geeignete Kapitel zum Thema vorhanden sind. Des Weiteren können Sie im Personen- oder Sachregister konkret nach bestimmten Personen oder Begriffen suchen. Diese Register befinden sich meistens am Ende des Buches. Hinter den jeweiligen Begriffen sind die entsprechenden Seitenzahlen vermerkt.

Zeitschriften

Benutzen Sie Artikel aus Fachzeitschriften, dann lesen Sie zunächst die Zusammenfassungen durch, die entweder am Anfang oder am Ende des Artikels stehen. Entscheiden Sie, ob diese für Sie geeignet sind und ob es sich lohnt, den gesamten Artikel zu bearbeiten. In manchen Artikeln sind einzelne Abschnitte mit einer Überschrift versehen, die ebenfalls Hinweise auf die behandelte Thematik geben können. Auch längere Artikel von Tages- und Wochenzeitungen besitzen solche Zwischentitel.

Internet

Haben Sie im Internet einige Quellen ausfindig gemacht, so können Sie die Suchfunktionen des Browsers nutzen, um die gewünschten Begriffe zu suchen.

TIPP

Für ein besseres Arbeiten sollten Sie die Literatur ordnen. Es ist günstig, mit Übersichtsdarstellungen und allgemeineren Werken zu beginnen. Schauen Sie nach aktueller Literatur und arbeiten Sie diese als nächstes durch. Zum Schluss befassen Sie sich dann mit Spezialliteratur und Internetquellen, die thematisch eng eingegrenzt sind.

Nun geht es darum, sich genauer mit den einzelnen Texten auseinander zu setzen. Da Sie Ihre ersten Informationen zu einem Thema im Normalfall einem oder mehreren Lexikonartikeln entnehmen, finden Sie zunächst ein paar Hinweise zur Bearbeitung und Auswertung dieser Textsorte.

Auswertung von Lexikonartikeln

Lesen Sie sich den folgenden Lexikonartikel aufmerksam durch. Stellen Sie sich vor, Sie sollen ein Kurzreferat über Napoleon halten, inwiefern würde Ihnen der Artikel dann weiterhelfen?

„Napoleon, 1) N. I. Bonaparte, Kaiser der Franzosen (1804-14/15), * 1769, † 1821. 1785 Artillerieleutnant; 1794 Brigadegeneral; 1796/97 Oberbefehlshaber in Italien; 1798/99 Feldzug in Ägypten; 1799 durch Staatsstreich 1. Konsul; 1802 durch Volksabstimmung Konsul auf Lebenszeit; 1804 Erlass des →*Code civil* u. Kaiserkrönung; 1805 Krieg gegen England, Russland,

Östr., Schweden (Schlacht von Austerlitz, Trafalgar); 1806 Begr. des Rheinbundes; 1806/07 Sieg über Preußen; Kontinentalsperre gegen England; span. Guerillakrieg; Auslösung der →Befreiungskriege durch Niederlage in Russland 1812; 1814 Abdankung; 1815 Rückkehr von Elba u. Herrschaft der 100 Tage bis zur Niederlage bei Belle-Alliance (Waterloo); Verbannung nach St. Helena; 1840 Beisetzung im Invalidendom (Paris); [...]" (entnommen aus: Großes Universal Taschenlexikon. Bd. 7. 1998 Compact Verlag München, S. 1411)

Wichtige Lebensdaten

In diesem Lexikonartikel sind die wichtigsten Daten zur Person *Napoleon Bonaparte* genannt wie Geburts- und Sterbejahr und die wichtigsten Stationen seiner Karriere als Feldherr, Konsul und Kaiser der Franzosen. Es werden die wichtigsten Schlachten und Siege genannt sowie politische Neuerungen wie die Einführung des *Code civil.*

Querverweise

Nun ist es durchaus möglich, dass Sie nicht wissen, was *Code civil* bedeutet. Doch auch in diesem Fall hilft Ihnen das Lexikon weiter: Der kleine Pfeil vor dem Wort *Code civil* zeigt an, dass der Begriff eigens erklärt ist:

„**Code civil** (frz.), Kodifikation des bürgerl. Rechts unter Napoleon I. (1804), heute noch gültig in Frkr., Belgien, Luxemburg; wegen der klaren Sprache u. den fortschrittl. Gedanken aus der frz. Revolution hatte der C. c. großen Einfluss auf die europ. Rechtsentwicklung."

(Der umseitige Abschnitt wurde entnommen aus: Großes Universal Taschenlexikon. Bd. 2. 1998 Compact Verlag München, S. 398).

TIPP

Genauso verhält es sich mit dem Wort *Befreiungskriege*. Nach Begriffen, die sich nicht als gesonderte Einträge in diesem Lexikon befinden (z. B. Rheinbund, Kontinentalsperre, Belle-Alliance) können Sie anschließend gezielt in einem speziellen Geschichtslexikon oder im Internet recherchieren.

Manchmal stoßen Sie in einem Lexikonartikel auf Abkürzungen oder Fremdwörter, über deren Bedeutung Sie sich nicht ganz im Klaren sind. Erstere sollten Sie sofort im Abkürzungsverzeichnis Ihres Lexikons nachsehen. Bei Letzteren hilft Ihnen ein gutes Fremdwörterbuch weiter.

Im Folgenden erhalten Sie einige Tipps für die Textbearbeitung, die nicht nur für Lexikonartikel, sondern auch für längere Sachtexte gültig sind:
Markieren Sie die wichtigsten Begriffe in einem Text entweder farbig oder benutzen Sie unterschiedliche Unterstreichungen. Dies sollte jedoch erst nach dem zweiten Lesen erfolgen, damit Sie sicher sein können, wirklich nur wichtige Begriffe anzustreichen. Unterscheiden Sie zwischen:

- zentralen Begriffen und der Definition dieser Begriffe,
- Begriffen, die damit im Zusammenhang stehen,
- dem Zusammenhang zwischen den einzelnen Begriffen.

Beispiel für einen Sachtext

„Heißwüsten sind charakterisiert durch geringe Bevölkerung, eine starke Sonneneinstrahlung (Insolation) und eine Verdunstung, die größer als die Niederschläge ist. Letztere hat lange Perioden totaler Abflußlosigkeit zur Folge. Die Niederschläge betragen in vollariden (volltrockenen) Wüsten unter 10 mm, in semiariden bis 250 mm jährlich, bei häufig mehr als elf niederschlagsfreien Monaten.

Die mittlere Tagestemperatur übersteigt in warmen Monaten 28 °C, in kalten liegt sie nicht unter 12 °C. Und das Jahresmittel beträgt um 22°C. Die täglichen Temperaturschwankungen können erheblich sein. Messungen ergaben von plus 58 °C bis minus 10 °C.

Nach den erwähnten Kriterien unterscheidet man Kern- oder Vollwüsten von Rand- und Halbwüsten, die in Wüstensteppen übergehen.

Die intensive Sonneneinstrahlung in Vollwüsten führt zu einer starken Aufheizung von Sand und Gestein. Über dem Boden baut sich tagsüber eine regelrechte Hitzeschicht auf, die kein Regenwasser durchlässt. Gelingt es Wolken tatsächlich einmal, ins Innere der Sahara vorzustoßen und abzuregnen, dann verdampft das Wasser in der Heißluftschicht, noch ehe es den Boden benetzen kann. Dieses Phänomen wird als ‚Geisterregen' bezeichnet."

(entnommen aus: Cropp, Wolf-Ulrich. Wüsten – Leben in der Todeszone. 1992 Landbuch-Verlag GmbH Hannover, S. 12–13).

Versuchen Sie, nach dem Lesen eines Textes das Gelesene in eigene Worte zu fassen. Gehen Sie hierbei Abschnitt für Abschnitt durch. Beachten Sie dabei, dass der erste Satz eines Abschnitts oft dessen Kernaussage enthält, sodass Sie sich diesen jeweils besonders genau durchlesen sollten. Versuchen Sie folgende Punkte zu berücksichtigen:

- Welchen Standpunkt vertritt der Autor und mit welchen Argumenten begründet er seine Ansicht?
- Erfahren Sie Neues durch diesen Artikel?
- Erkennen Sie Verbindungen zu anderen Autoren?
- In welchem Zusammenhang können Sie diese Textstelle in Ihr Referat einbauen?

Greifen Sie in Ihrer Zusammenfassung zentrale Begriffe auf, fassen Sie deren Inhalte zusammen und machen Sie die Beziehungen zwischen den Begriffen deutlich.

Überprüfen Sie, ob Ihre Formulierungen den Sinn des Textes genau wiedergeben. Könnte eine andere Person, die diesen Artikel nicht gelesen hat, den Inhalt nachvollziehen?

TIPP

Wenn im Text Wörter vorkommen, deren Bedeutung sie nicht genau kennen, dann sollten Sie diese lieber nochmals in einem Fremdwörterbuch oder Lexikon nachschlagen.

Schreiben Sie zum Schluss die Zusammenfassung des gesamten Textes auf. Sie erhalten somit einen guten Überblick über den Inhalt sämtlicher Quellen. Haben Sie mehrere Artikel gelesen, ohne sich Notizen zu machen, wissen Sie später nicht mehr, wo Sie welche Informationen finden können.

TIPP

Für jede Quelle legen Sie sich am besten ein eigenes DIN-A4-Blatt an. Erstreckt sich Ihre Zusammenfassung über mehr als eine Seite, so heften Sie die zusammengehörigen Seiten zusammen. Schreiben Sie auf den oberen Teil des Blattes immer die genaue Quellenangabe.

Eigene Überlegungen, Kommentare und Bewertungen zu dem betreffenden Buchkapitel oder Zeitschriftenartikel sollten Sie nach dem ersten Lesen ebenfalls schriftlich festhalten und im Anschluss an die Zusammenfassung mit auf Ihr DIN-A4-Blatt schreiben.

TIPP

Setzen Sie sich auch mit Literatur auseinander, die inhaltlich nicht ganz den Schwerpunkten entspricht, die Sie sich für Ihr Referat gesetzt haben. Das Wissen von Fakten aus dem Randbereich Ihres Themengebiets kann für eine Diskussion am Ende des Referates hilfreich sein.

Auf der nächsten Seite finden Sie eine Zusammenfassung des Textes von S. 45.

Quelle: Cropp, Wolf-Ulrich. Wüsten – Leben in der Todeszone. 1992 Landbuch-Verlag GmbH Hannover, S. 12–13.

Zusammenfassung:

In Heißwüsten ist die Sonneneinstrahlung sehr stark und die Verdunstung hoch. In diesen Gebieten leben nur wenige Menschen. Die Niederschlagsmenge beträgt pro Jahr in vollariden Wüsten unter 10 mm, in semiariden bis 250 mm. Die mittlere Jahrestemperatur beträgt um 22 °C. Am Tag kann die Temperatur erheblich schwanken, teilweise von + 58 °C bis – 10 °C.

In Vollwüsten heizen sich Sand und Gestein durch die Sonne auf. Über dem Boden entsteht eine Hitzeschicht. Bei Regen verdampft das Wasser sofort in dieser Schicht; es gelangt somit nicht in den Boden. Dies wird als Geisterregen bezeichnet.

Bemerkungen/Kommentare:

Es stellt sich die Frage, ob es in Heißwüsten Tiere oder Pflanzen gibt und welche Überlebensstrategien diese haben.

Gibt es Zitate, die Sie in Ihrem Referat verwenden wollen, so empfiehlt es sich, diese auf kleine, farbige Karteikarten im DIN-A5- oder DIN-A6-Format zu schreiben. Dort können Sie außerdem persönliche Anmerkungen zu diesem Zitat festhalten. Solch eine Karteikarte kann folgendermaßen aussehen:

Sahara	
Zitate:	**Anmerkungen:**
1. „**Sahara** (arab.), größtes Wüsten- und Steppengebiet der Erde, in N-Afrika, reicht vom Atlas u. Mittelmeer bis zum Sudan, vom Atlantik bis zum Roten Meer, umfasst rd. 9 Mio. km^2.“ 2. „**Sahara** (West) (arab.), Staat in NW-afrik. Atlantikküste, zw. Marokko u. Mauretanien [...] *Staatsform*: demokrat. Rep. seit 1976, von zahlr. Staaten anerkannt. *Naturraum*: trockenes Randgebiet der Sahara, ostwärts mit einer 300-400 m hohen, von Wadis zerklüfteten Hochfläche [...].“ (aus: Großes Universal Taschenlexikon. Bd. 8. 1998 Compact Verlag München, S. 1746).	„**Wadi** (arab.), Trockental der Wüstengebiete N-Afrikas u. der Arab. Halbinsel; führt nur bei starken Niederschlägen Wasser.“ (aus: Großes Universal Taschenlexikon. Bd. 10. 1998 Compact Verlag München, S. 2134)

In die obere Zeile der Karteikarte tragen Sie das Kapitel bzw. das Schlagwort ein, dem Sie dieses Zitat zuordnen möchten. In den Bereich Anmerkungen können Sie zusätzliche Definitionen und Erklärungen sowie eigene Kommentare, Bewertungen, offene Fragen oder anderes schreiben. Vergessen Sie nicht, die verschiedenen Quellen anzugeben.

TIPP

Man ist leicht versucht, die ausgefeilten Sätze eines Autors zu übernehmen, anstatt sie in eigene Worte umzusetzen, weil man Angst hat, sie dadurch zu verfälschen. Versuchen Sie trotzdem diesen Weg zu gehen und nur in Ausnahmefällen zum wörtlichen Zitat zu greifen.

Zur besseren Übersicht empfiehlt es sich, einen DIN-A4-Bogen anzulegen, auf dem Sie vermerken, zu welchen Schlagworten Sie Karteikarten angefertigt haben.

TIPP

Sollten Ihnen beim Durcharbeiten der Literatur immer wieder die gleichen Literaturhinweise auffallen, so handelt es sich hierbei offensichtlich um Standardtexte. Diese sollten Sie sich auf jeden Fall besorgen.

Richtiges Zitieren

Beim Zitieren gibt es einige Regeln, die zu beachten sind, insbesondere wenn Sie Zitate später in Ihr Handout mit aufnehmen. Es wird zwischen zwei unterschiedlichen Formen von Zitaten unterschieden.

Das direkte Zitat

Zum einen gibt es das direkte Zitat. Hier wird der Text wortwörtlich aufgeschrieben, d. h. es werden die originale Rechtschreibung, Zeichensetzung und selbst Fehler genau übernommen. Die gesamte zitierte Textpassage wird in Anführungszeichen gesetzt. Dies sieht dann folgendermaßen aus:

„Der mit Abstand längste Zeitabschnitt der Steinzeit ist die Altsteinzeit, die vor ca. 2,5 Millionen Jahren begann. Zu diesem Zeitpunkt tauchen zwei Arten von Primaten auf, die man als die ersten Menschen bezeichnen kann: der **Australopithecus** und der **Homo habilis**. Die Australopithecinen sind vor allem auf dem afrikanischen Kontinent zu finden. Sie sind aufrecht gehende Zweibeiner und leben in erster Linie vom Sammeln von Früchten, Wurzeln und Kleintieren. Die Jagd spielt dagegen bei ihnen noch keine große Rolle.

[....]

Auf ihn folgt der **Homo erectus**, ‚der aufrechte Mensch', der sich zum ersten Mal aufmacht, um die Welt zu ‚erobern'. Der Homo erectus ist größer als der Homo habilis und besitzt vor allem ein größeres Gehirn, das sich während seiner Anwesenheit auf der Erde nahezu verdoppelt. Auch in der Werkzeugherstellung erweist sich der Homo erectus geschickter als der Homo habilis. Die Entdeckung des Feuers vor etwa 500.000 Jahren ist sein Werk. Mit der Macht über dieses Element vermag er nun auch mit den Widrigkeiten der kälteren Klimazonen fertig zu werden."

(entnommen aus: Gartz, Dr. Joachim. Wissen leicht gemacht. Weltgeschichte. 2003 Compact Verlag München, S. 6/7.)

Sollten Sie den Text etwas verändern wollen, so ist dies folgendermaßen kenntlich zu machen:

Wollen Sie einen Teil des Satzes weglassen, so setzen Sie eine eckige Klammer mit drei Auslassungspunkten, z. B.:

„Der Homo erectus ist größer als der Homo habilis und besitzt vor allem ein größeres Gehirn, [...]. Auch in der Werkzeugherstellung erweist sich der Homo erectus geschickter als der Homo habilis."

Wird ein kompletter Satz oder sogar mehrere Sätze weggelassen, so kennzeichnen Sie dies ebenfalls mit einer eckigen Klammer. Hier ist zu beachten, dass in der Klammer vier Punkte enthalten sein müssen. Somit ist für den Leser besser zu unterscheiden, ob ein Teil des Satzes oder ein kompletter Satz bzw. mehrere Sätze ausgelassen wurden. Sehen Sie sich dazu folgendes Beispiel an.

„Der Homo erectus ist größer als der Homo habilis und besitzt vor allem ein größeres Gehirn, das sich während seiner Anwesenheit auf der Erde nahezu verdoppelt. [....] Die Entdeckung des Feuers vor etwa 500.000 Jahren ist sein Werk. Mit der Macht über dieses Element vermag er nun auch mit den Widrigkeiten der kälteren Klimazonen fertig zu werden."

Wollen Sie gleich ein oder mehrere Absätze weggelassen, so werden die Auslassungspunkte in eine Extra-Zeile gesetzt.

Wenn also nach dem oben zitierten langen Abschnitt ein Absatz mit der Überschrift „Der Homo sapiens" kommt, bevor es mit dem Abschnitt „Die drei großen Menschengruppen" weitergeht und für Sie erst diese letzte Textpassage wieder interessant ist, dann zitieren Sie folgendermaßen:

„Mit der Macht über dieses Element vermag er nun auch mit den Widrigkeiten der kälteren Klimazonen fertig zu werden.
[....]
Gegen Ende der Altsteinzeit spaltete sich die Menschheit in drei große Menschengruppen. Diese werden in der Forschung mit dem geschichtlich vorbelasteten Begriff der „Rasse" bezeichnet: Es sind die **Negriden**, **Europiden** und **Mongoliden**."
(GARTZ, 2003, S. 8)

Fügen Sie eigene ergänzende oder erläuternde Anmerkungen direkt in das Zitat mit ein, so verwenden Sie hierfür ebenfalls eine eckige Klammer, z. B.:

„Die [äußerst wichtige] Entdeckung des Feuers vor etwa 500.000 Jahren ist sein Werk."

Sollten Sie Wörter oder mehrere Sätze auslassen, so müssen Sie vorher sorgfältig überprüfen, ob dadurch der Sinn des Zitates auch nicht verfälscht wird.

TIPP

Enthält das Zitat an einer Stelle einen inhaltlichen Fehler, so kennzeichnen Sie diesen mit [!] oder [sic]. Das Wort „sic" kommt aus dem Lateinischen und bedeutet „so lautet die Quelle".

2

Zitieren Sie aus **gedruckter Literatur**, so geben Sie im Text – unmittelbar im Anschluss an den zitierten Textabschnitt – den Nachnamen des Autors in Großbuchstaben, das Erscheinungsjahr der Quelle sowie die Seitenzahl in runden Klammern an. Denken Sie daran, dass Sie bei solchen Kurzzitaten eine Literaturliste mit vollständiger Nennung des Titels in den Anhang aufnehmen müssen.

> ➪ (NACHNAME, Jahr, Seitenzahl), also z. B.
> (CROPP, 1992, S. 12)

Zitieren Sie aus einer **Internetquelle,** so geben Sie die Internetadresse (URL) sowie das Entnahmedatum an:

> ➪ (URL, Datum), z. B.
> (www.uno.de/umwelt/wueste/info.htm,
> 02.10.2003)

Wenn Sie die **gleiche Quelle** unmittelbar danach ein weiteres Mal zitieren, so kennzeichnen Sie das Zitat folgendermaßen:

> ➪ (ebd., S.100)
>
> Die Abkürzung „ebd.“ steht für das Wort „ebenda“.

Sollten Sie in Ihrem Handout **Tabellen, Diagramme oder Abbildungen** aus der gedruckten Literatur verwenden, so stellen Sie das Wort „Quelle" voran und geben dann den Nachnamen des Autors in Großbuchstaben sowie das Erscheinungsjahr an.

> ➪ (Quelle: NACHNAME, Jahr), also
> (Quelle: CROPP, 1992)

Vermeiden Sie Folgendes beim Zitieren:

- die Anhäufung von Zitaten,
- unnötiges Zitieren (also keine Begriffe oder Sachverhalte wiedergeben, die allen bekannt sind),
- ungenaues oder verfälschendes Zitieren,
- Zitate aus dem Zusammenhang reißen und in einen neuen Zusammenhang einbetten.

Das indirekte Zitat

Eine weitere Form des Zitierens stellen indirekte Zitate dar. Hier werden gelesene Texte oder Gedanken mit eigenen Worten sinngemäß wiedergegeben. Diese Zitate werden nicht in Anführungszeichen gesetzt.

Die Quelle wird am Ende eines indirekten Zitates allerdings ebenfalls angegeben. Es gelten hier die gleichen Regeln wie bei einem direkten Zitat. Wenn Sie später während Ihres Referats indirekt zitieren, so reicht es aus, wenn Sie am Ende auf die entsprechende Literatur hinweisen.

Übung 4: Damit Sie sich mit dem Zitieren vertraut machen können, bearbeiten Sie bitte den folgenden Text.

Die Sätze sind nummeriert, um Ihnen die Umsetzung der Arbeitsanweisungen zu erleichtern. Entnommen wurde der Text aus:
Cropp, Wolf-Ulrich. Wüsten – Leben in der Todeszone. 1992 Landbuch-Verlag GmbH Hannover, S. 13–14.

1 „Das extreme Klima in den Wüsten bewirkt eine starke Verwitterung.
2 Tägliche Einstrahlung und nächtliche Abstrahlung ergeben große Temperatursprünge, die besonders augenfällig an Gesteinsoberflächen wirken.
3 Da platzen bisweilen unter lautem Knall Felsplatten ab (Abschuppung) oder zerbersten Steinblöcke (Kernsprung).
4 In den Felsenregionen Hoggar und Tibesti (Sahara), aber auch im Death Valley (Nevada) sind dies häufig zu beobachtende Erscheinungen.
5 Die Masse des Gesteins zerbirst in Schutt und Sand, der die Felsberge allmählich ertrinken lässt.
6 Zugleich entsteht bei Inlandswüsten auf diese Weise das Ausgangsmaterial für die Dünen.
7 Endlose Sanddünen, turmhoch aufgeweht oder in leichten Wellen, wie Meeresgrund strukturiert – entspricht ein solches Bild nicht allgemein unserer Vorstellung von Wüsten?

8 Als Sandfelder, die bis zum Horizont reichen, gestaltet sich nur ein kleiner Teil der Trockenräume.
9 In der Sahara bestehen knapp 20 % aus Sanddünen, und in anderen Wüsten ist das Verhältnis noch geringer.
10 Der größte Teil besteht aus Gebirgen, sogar Hochgebirgen (Hammadas), bis 3500 Meter mächtig, dann riesigen Plateaus, endlosen Steinwüsten aus Kies und Schotter, Serir genannt, sowie Staubwüsten, die von Horizont zu Horizont reichen."

a) Bearbeiten Sie Satz 10 und lassen Sie die letzten drei Zeilen weg. Kennzeichnen Sie die Auslassung.

b) Sehen Sie sich den Abschnitt von Satz 6 bis Satz 8 an. Schreiben Sie diesen Abschnitt auf und kennzeichnen Sie die Auslassung von Satz 7.

c) Kennzeichnen Sie im Abschnitt von Satz 3 bis Satz 8 die Weglassung der Sätze 4, 5, 6, und 7.

d) Geben Sie die Quelle an, so wie sie in einem laufenden Text im Anschluss an den zitierten Textabschnitt genannt werden würde.

e) Stellen Sie sich vor, Sie würden diesem Buch ein Diagramm für Ihr Handout entnehmen. Wie würde die Quellenangabe aussehen?

Das richtige Ergebnis finden Sie im Lösungsteil.

2

Auswertung von Tabellen und Schaubildern

In der Literatur finden Sie möglicherweise Tabellen oder Diagramme. Das ist vor allem bei naturwissenschaftlichen und gesellschaftswissenschaftlichen Themen der Fall. Diese können ebenso wichtige Informationen enthalten oder bestimmte Sachverhalte veranschaulichen wie ein Text.

Diagramme sind meistens das Ergebnis einer statistischen Erhebung. Das bedeutet, dass sie einen Durchschnittswert angeben, der mehr oder weniger repräsentativ sein kann, je nachdem wie groß die Datenmenge war, die in die Statistik eingeflossen ist. Sie sollten sich daher immer fragen, wer die statistische Erhebung durchgeführt hat und welches Ziel damit verfolgt wurde.

Zur Auswertung jeder Darstellung ist es also hilfreich, sich deutlich zu machen, was das Thema dieser Darstellung ist und welche Aspekte darin erfasst werden.

▸TIPP

Versuchen Sie zu überlegen, welche Punkte in der Darstellung nicht berücksichtigt werden. Sind es möglicherweise wichtige Sachverhalte, durch deren Fehlen die Darstellung verzerrt wird?

Fassen Sie die wichtigsten Ergebnisse zusammen. Überlegen Sie, welche Ursachen zu diesen Ergebnissen geführt haben könnten und welche Folgerungen sich daraus ergeben.

Wenn Sie eine Tabelle auswerten, sollten Sie ebenso auf die Informationen in den Spalten wie auf die Informationen in den Zeilen achten.

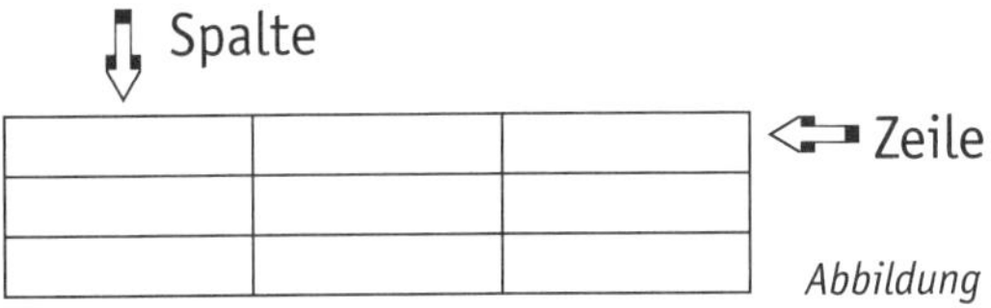

Abbildung 2.3

Überlegen Sie: Gibt es Extremwerte, d. h. sehr hohe oder sehr niedrige Werte innerhalb der Tabelle? Entdecken Sie andere Auffälligkeiten, z. B. Ergebnisse, die Sie selbst nicht vermutet hätten?
Sind die Ergebnisse in einem **Diagramm** dargestellt, so unterscheidet man hier unterschiedliche Formen.

Säulendiagramme
Eine der häufigsten Darstellungsformen ist das *Säulendiagramm*. Mit dieser Diagrammart werden meistens Verhältnisse oder Zustände angegeben. Schauen Sie sich genau an, welche Informationen die einzelnen Achsen enthalten. Was sagen die jeweiligen Säulen aus? Als Beispiel dient die Abbildung 2.4 auf der nächsten Seite, in der drei Orte in Wüstenregionen hinsichtlich der mittleren Jahrestemperatur, der minimalen und maximalen Temperatur (jeweils in °C) und der Niederschlagsmenge (in Millimeter) vergleichend gegenübergestellt sind.

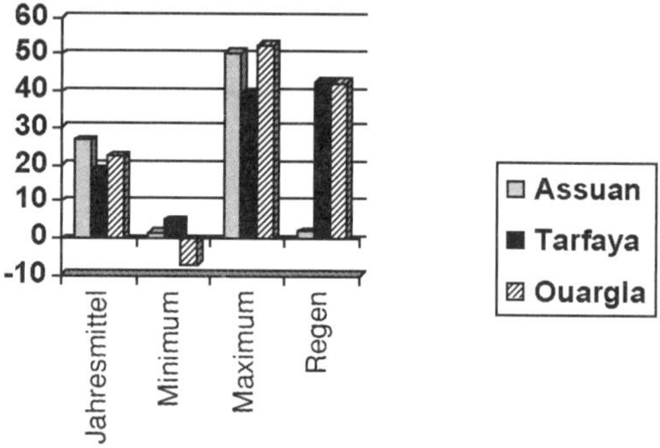

Abbildung 2.4

Es ist zu sehen, dass die durchschnittliche Jahrestemperatur von Assuan etwas höher ist als in den Orten Tarfaya und Ouargla.

An der zweiten Balkengruppe wird ersichtlich, dass das absolute Minimum der Temperatur in Ouargla deutlich von den anderen beiden Orten abweicht, d. h. viel niedriger ist.

Vergleicht man die absoluten Maximalwerte, so ist zu erkennen, dass der Maximalwert von Tarfaya deutlich niedriger ist als derjenige von Assuan und Ouargla. In der vierten Balkengruppe fällt ins Auge, dass in Assuan die Menge an Regen deutlich niedriger ist als in den anderen beiden Orten.

Beschreiben Sie jede Säulengruppe so genau wie möglich. Versuchen Sie, die Ergebnisse zu interpretieren. Stellen Sie insbesondere die Auffälligkeiten heraus.

Balkendiagramme

Neben dem Säulendiagramm wird das *Balkendiagramm* recht häufig verwendet. Es wird ebenfalls zur Darstellung von Verhältnissen oder Zuständen genutzt. Das soeben beschriebene Beispiel sieht als Balkendiagramm folgendermaßen aus:

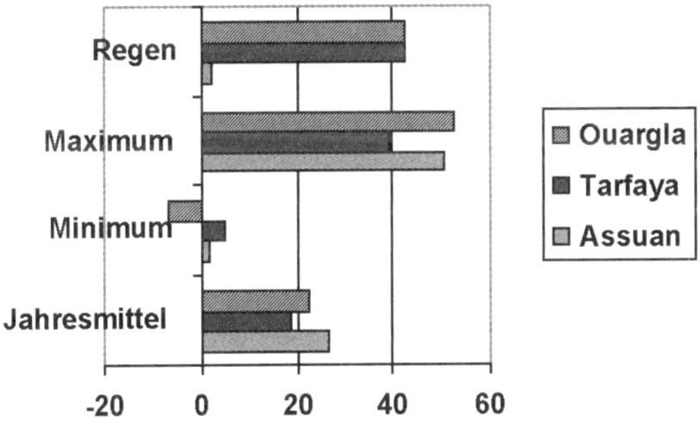

Abbildung 2.5

Torten- bzw. Kreisdiagramme

Eine weitere Darstellungsform ist das so genannte *Torten-* oder *Kreisdiagramm*. Auch mit einem Tortendiagramm werden bestimmte Zustände oder Verhältnisse wiedergegeben.

2

Im unteren Beispiel sind die Größenverhältnisse ausgewählter Wüsten unter Verwendung der jeweiligen Fläche in km² dargestellt.

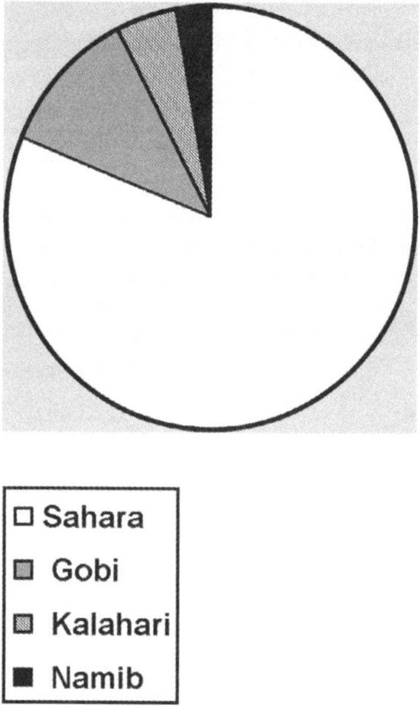

Abbildung 2.6

Kurvendiagramme
Entwicklungen und Verläufe innerhalb eines bestimmten Zeitraumes werden meistens in Form von *Kurven* dargestellt. Bei der Auswertung eines *Kurvendiagramms* sollten Sie besonders darauf achten, ob Sie Entwicklungen im Verlauf erkennen können und ob Extremwerte vorhanden sind.

In der Abbildung 2.7 ist der Zuwachs der Weltbevölkerung in Millionen angegeben. Die Zunahme von 1650 bis 2000 ist in dieser Darstellung gut zu erkennen.

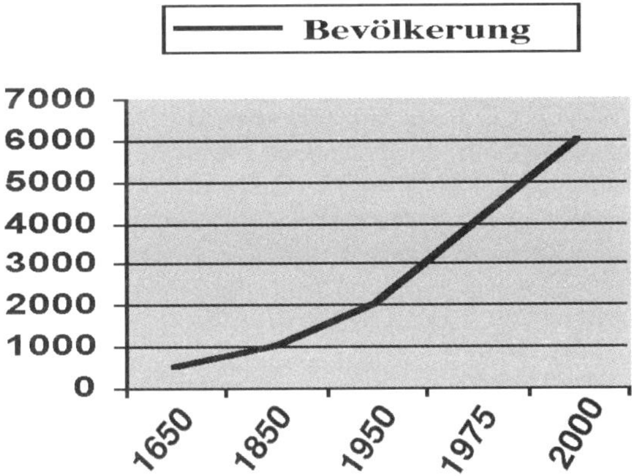

Abbildung 2.7

▸ CHECKLISTE: TABELLEN UND SCHAUBILDER

- **Zur Veranschaulichung bestimmter Sachverhalte kann man Tabellen und Diagramme (Säulen-, Balken-, Kreis- und Tortendiagramme) verwenden.**
- **Fragen Sie sich immer, welche Aspekte Ihres Themas in der Darstellung erfasst werden.**
- **Welche weiterführenden Schlüsse lassen sich aus den dargestellten Sachverhalten ziehen?**
- **Bei der Auswertung von Tabellen und Schaubildern ist insbesondere auf Extremwerte zu achten.**
- **Bevor man voreilige Schlüsse zieht, sollte man sich zunächst das Schaubild in all seinen Einzelheiten bewusst machen.**

2.2 GLIEDERUNG DES VORTRAGES

Nachdem Sie Ihre Textquellen ausgewertet haben, geht es nun darum, die Informationen in eine vernünftige Reihenfolge zu bringen. Machen Sie sich noch einmal bewusst, wie der genaue Wortlaut Ihres Referatsthemas ist. Formulieren Sie das Ziel Ihres Referates. Was sollen Ihre Mitschüler am Ende des Referates wissen? Schreiben Sie sich dieses Ziel ruhig auf. Wenn Sie es vor Augen haben, können Sie leichter bei dem Thema bleiben und schweifen nicht ab.

Übung 5: Gehen Sie die folgenden Fragen der Reihe nach durch und versuchen Sie sie in Bezug auf Ihr persönliches Referatsthema zu beantworten. Die Antworten werden bei der Gliederung Ihres Referates sehr hilfreich sein:

- Was wird von mir als Referent erwartet?
- Welche Informationen sind aus meiner Sicht wichtig?
- Welche Informationen kann ich weglassen?
- Was ist für meine Zuhörer interessant?
- Welche neuen Informationen kann ich meinen Mitschülern vermitteln?

Das Referat sollte in drei bis maximal fünf Abschnitte gegliedert sein. Die Grobgliederung besteht aus folgenden Teilen:

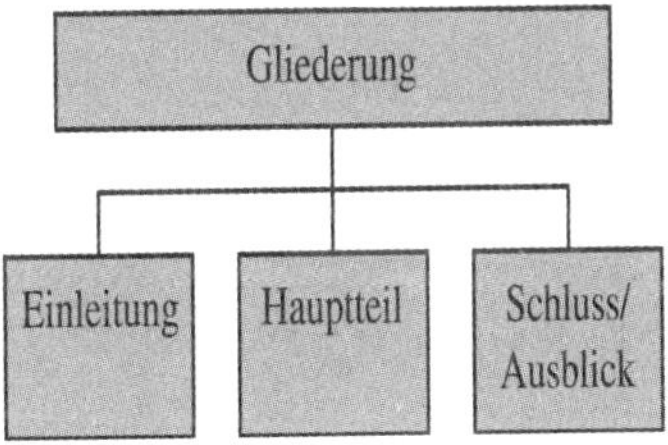

Abbildung 2.8

Bei der Grobgliederung sollten Sie sich Gedanken machen, welche visuellen Hilfsmittel (Medien) Sie einsetzen können. Für das Thema „Die Wüste – ein Grenzraum des Lebens", könnte eine Grobgliederung so aussehen:

1. Einleitung	**Medien:**
▶ aktuelles Problem: sich vergrößernde Wüsten	Folie
▶ Wo gibt es Wüsten?	Weltkarte
▶ Merkmale der Wüsten	

2. Hauptteil: Leben in der Wüste	Medien
▶ allgemeine Bedingungen ▶ Pflanzen ▶ Tiere ▶ Menschen	 Abbildungen Film
3. Schluss – Ausblick ▶ Entwicklung ▶ zukünftige Gestaltung des Lebensraumes für den Menschen	 Folie

Ordnen Sie Ihre Literatur den jeweiligen Kapiteln zu. Überprüfen Sie, ob Ihre Großkapitel in einer sinnvollen Reihenfolge stehen und überlegen Sie sich schon einmal, wie die jeweiligen Unterkapitel lauten könnten.

Auch wenn die Grobgliederung mit dem Lehrer abgestimmt wurde, muss sie zu diesem Zeitpunkt noch keinen endgültigen Charakter besitzen. Oft erkennt man erst während der Ausarbeitung des Vortrages, dass die einzelnen Punkte besser in eine andere Reihenfolge gebracht werden sollten.

▸ TIPP

Um sicher zu gehen, dass Sie alle wichtigen Aspekte in Ihrem Referat behandeln und nicht in eine völlig falsche Richtung gehen, empfiehlt es sich, die Grobgliederung dem Lehrer oder der Lehrerin zu zeigen, bevor man mit der Ausarbeitung des Vortrages beginnt.

Übung 6: Arbeiten Sie für Ihr Referat eine Grobgliederung aus. Überlegen Sie sich, welche visuellen Mittel Sie einsetzen können. Im Anhang finden Sie ein Lösungsbeispiel.

1. Einleitung	
2. Hauptteil	
3. Schluss	

CHECKLISTE: GROBGLIEDERUNG

- Wie lautet das Thema bzw. die Ausgangsfrage?
- Was ist das Ziel des Referates?
- Wie kann ich das Referat in 3 (max. 5) Abschnitte gliedern?
- Welche Informationen will ich präsentieren?
- Welche Mittel zur Veranschaulichung stehen mir zur Verfügung?

2.3 SCHREIBEN DES VORTRAGES

Es ist empfehlenswert, seinen Referatstext vor dem eigentlichen Vortrag schriftlich auszuarbeiten. Zum einen merken Sie so, ob Ihre Gedankenführung logisch ist und sich ein roter Faden durch Ihr Referat zieht. Zum anderen können Sie verschiedene Formulierungen ausprobieren und die passenden heraussuchen. Durch das Aufschreiben prägen Sie sich auch die Struktur des Textes und die jeweiligen Argumentationsschritte ein. Dies ist für den späteren freien Vortrag äußerst hilfreich. Schließlich fällt es Ihnen dadurch leichter, geeignete Stichwortzettel für Ihren Vortrag anzufertigen.

Allgemeine Vorgehensweise

Legen Sie für jeden Gliederungspunkt bzw. für jeden Schlüsselbegriff ein eigenes DIN-A4-Blatt an. Ordnen Sie diese Blätter in der Reihenfolge Ihrer Gliederung. Es ist sinnvoll, einen Ordner anzulegen, in dem Sie die Blätter anschließend abheften. Ordnen Sie nun den jeweiligen Gliederungspunkten die entsprechende Literatur zu.

Machen Sie sich bei der Bearbeitung der Texte Notizen auf Ihren Gliederungszetteln. Schreiben Sie die wesentlichen Definitionen und die wichtigsten Daten und Fakten auf. Notieren Sie sich Hinweise auf interessante Textstellen oder Abbildungen. Umreißen Sie wichtige Textpassagen kurz mit eigenen Worten oder zitieren Sie wörtlich. Schreiben Sie sich auf, welche Quellen übereinstimmende Informationen enthalten und welche Quellen Widersprüche bezüglich eines bestimmten Sachverhalts aufweisen. Auf den Gliederungszetteln können Sie auch eigene Anmerkungen und Bewertungen vermerken: Stimmen Ihre Gedanken mit denen der Autoren überein? Hier sollten Sie jedoch wieder deutlich machen, dass es sich um Ihr eigenes Gedankengut handelt, und nicht um Fakten oder die Ansicht eines Autors. Dies ist am leichtesten, wenn Sie Ihre Anmerkungen in einer anderen Farbe aufschreiben oder das Geschriebene farbig unterstreichen.

TIPP

Lassen Sie auf den Gliederungszetteln einen ausreichend breiten Rand und viel Platz zwischen den einzelnen Zeilen. So können Sie immer wieder neue Informationen hinzufügen.

Überlegen Sie beim Schreiben, wie Sie die einzelnen Punkte Ihren Zuhörern am deutlichsten darstellen können. Wie können die Zuhörer dem inhaltlichen Aufbau Ihres Referates am leichtesten folgen? Denken Sie darüber nach, ob Zusammenhänge zwischen den einzelnen Punkten bestehen und wie diese am besten hervorgehoben werden können. Wichtig ist es ebenso, gute Überleitungen zwischen den einzelnen Themenpunkten zu formulieren, damit Ihre Zuhörer niemals den Faden verlieren und somit gespannt bei der Sache bleiben. Machen Sie sich auch bewusst, welche Punkte Sie noch nicht so gut verstanden haben und wo Sie weitere Informationen dazu finden können.

Überprüfen Sie, ob die Überschriften der einzelnen Gliederungspunkte klar und einprägsam formuliert sind. Decken Sie grob das gesamte Thema des Referates ab? Achten Sie darauf, dass die einzelnen Abschnitte Ihres Referates ungefähr gleich lang sind. Kontrollieren Sie zum Schluss noch einmal, ob die Reihenfolge Ihrer Gliederungspunkte tatsächlich sinnvoll ist.

CHECKLISTE: EINEN VORTRAG AUSARBEITEN

- **Definitionen und wichtige Fakten auf den Gliederungszettel schreiben.**
- **Hinweise auf wichtige Textstellen vermerken.**
- **Eigene Anmerkungen und Bewertungen notieren.**
- **Zusammenhänge zwischen den einzelnen Begriffen deutlich hervorheben.**
- **Gibt es inhaltliche Punkte, die Sie noch nicht so gut verstanden haben?**
- **Überprüfung der Reihenfolge der Gliederungspunkte.**

Einleitung
Mit der Einleitung werden die Zuhörer an das Thema herangeführt. Des Weiteren soll mit einigen einleitenden Sätzen das Interesse der Mitschüler geweckt werden.
Überlegen Sie sich, welches Wissen Sie bei Ihren Zuhörern voraussetzen können und ob es vielleicht Überschneidungen zwischen den Interessen und Erfahrungen Ihrer Mitschüler und dem zu behandelnden Thema gibt. Eine weitere gute Möglichkeit, in ein Thema einzuführen, sind eigene Erfahrungen und Erlebnisse in diesem Themenbereich oder aktuelle Ereignisse. Vielleicht gibt es bei Ihrem Thema auch einen interessanten Teilaspekt, den Sie in der Einleitung kurz anschneiden können. Weitere Möglichkeiten, um das Interesse der Zuhörer zu wecken, sind folgende Mittel:

- zwei gegensätzliche Meinungen vorstellen,
- eine provozierende These aufstellen,
- Karikatur,
- Anekdote oder Witz,
- rhetorische Frage,
- Präsentation einer ungewöhnlichen Statistik,
- ein Meinungsbild unter den Zuhörern erstellen und an die Tafel schreiben.

Des Weiteren ist es zu empfehlen, den Mitschülern einleitend den Ablauf des Referates mitzuteilen. Dadurch fällt es Ihren Zuhörern leichter, Ihnen während des Referates zu folgen. Erläutern Sie die Problemstellung und machen Sie deutlich, in welchem Zusammenhang das Thema steht. Sie können es in den aktuellen Unterrichtszusammenhang oder auch in einen größeren Gesamtzusammenhang einbetten. Stellen Sie das Ziel Ihres Referates vor. Dadurch können Ihre Mitschüler Ihren Vortrag einordnen und haben keine falschen Erwartungen. Erläutern Sie die Abgrenzung Ihres Themas. Auf welche Aspekte werden Sie bei Ihrem Vortrag nicht eingehen? Auch können Sie an dieser Stelle anführen, welche Literaturquellen Sie für die Ausarbeitung des Vortrages verwendet haben. Als zeitlichen Umfang für die Einleitung sollten Sie ungefähr 10 % der gesamten Redezeit einplanen.

CHECKLISTE: DIE EINLEITUNG

- **Geschickt in das Thema einführen.**
- **Interesse wecken, Motivieren der Zuhörer.**
- **Gliederung vorstellen.**
- **Ziel des Referates nennen.**
- **Referat in einen größeren Kontext einbetten.**
- **Informationsquellen angeben.**

Hauptteil

Im Hauptteil werden die zentralen Informationen vorgestellt, d. h. das Wesentliche steht hier im Mittelpunkt. Achten Sie darauf, dass die Darstellung klar und logisch strukturiert ist. Denken Sie immer an Ihren roten Faden, versuchen Sie ihn nicht zu verlieren.

Aufgrund der begrenzten Redezeit ist es unumgänglich, dass Sie aus der Vielzahl der Informationen das Wichtigste heraussuchen. Sie werden feststellen, dass dies nicht so einfach ist. Es ist eine große Kunst, das auszuwählen, was man in seinem Referat nicht behandeln wird. Vermeiden Sie eine Anhäufung von Fakten, die vielleicht auch noch ungeordnet sind. Eigene Bewertungen und Anmerkungen können Sie in Ihren Vortrag mit einbringen. Diese sollten Sie jedoch klar kennzeichnen.
Um das Gesagte deutlich zu machen, sollten Sie möglichst anschauliche Formulierungen und Beispiele verwenden. Überlegen Sie außerdem, welche Medien Sie einsetzen können. Vergessen Sie nicht: Der Hauptteil nimmt den größten Teil der Redezeit in Anspruch.

CHECKLISTE: DER HAUPTTEIL

- **Darstellung der wesentlichen Punkte des Themas.**
- **Eine möglichst klare und logische Darstellung wählen.**
- **Beispiele zur Veranschaulichung einfügen.**
- **Einsatz von Medien bedenken.**

Schluss
Im Schlussteil fassen Sie noch einmal alle wichtigen Aspekte des Referates zusammen. Beziehen Sie sich auf Ihre Ausgangsfrage, die Sie in der Einleitung geäußert haben. Geben Sie einen Ausblick auf zukünftige Entwicklungen. Ebenso kön-

nen Sie den Zusammenhang zwischen Ihrem Referat und der gerade laufenden Unterrichtssequenz hervorheben. Schildern Sie den weiteren Ablauf des Unterrichts, für den Ihr Referat möglicherweise eine gute Grundlage bildet. Weisen Sie auf offene, noch ungeklärte Fragen hin. Dies könnte für die anschließende Diskussion hilfreich sein. Heben Sie weitere Punkte, die für eine Diskussion geeignet sind, hervor. Bewerten Sie das Thema aus Ihrer eigenen Perspektive. Machen Sie aber deutlich, dass es sich um Ihre Meinung handelt und nicht um Fakten, die wissenschaftlich belegt sind.

Wählen Sie solche Formulierungen, die dazu geeignet sind, einen Vortrag zum Abschluss zu bringen und das Thema abzurunden. Gerade für diesen Teil des Referates ist es wichtig, dass er vorher ausformuliert wird, da es nur wenigen Rednern gelingt, spontan gute Schlussworte zu finden.

▸ CHECKLISTE: DER SCHLUSS

- **Zusammenfassung des Referates.**
- **Ausblick auf zukünftige Entwicklungen.**
- **Auf offene Fragen hinweisen.**
- **Gesamtbewertung vornehmen.**
- **Punkte für die Diskussion hervorheben.**

Am Ende Ihrer Vorbereitungen sollten Sie die Fragen der folgenden Liste durchgehen, um zu überprüfen, ob Sie alles, was für Ihr Referat wichtig ist, zusammen haben.

	Ja	Nein
Ich kenne die wichtigsten Bücher zu meinem Thema.		
Ich kenne die wichtigsten Autoren.		
Ich kenne zentrale Daten.		
Ich kenne die zentralen Begriffe.		
Ich kenne die wichtigsten Personen und Orte.		
Ich kenne unterschiedliche Meinungen zum Thema.		
Ich habe eine eigene Meinung zu dem Thema.		
Ich kann Zitate zu diesem Thema vortragen.		
Ich kann einschätzen, wie viel Zeit mein Referat in Anspruch nimmt.		

2

2.4 AUSARBEITUNG DER STICHWORTZETTEL

Es kommt bei einem Referat darauf an, dass es möglichst frei vorgetragen und nicht abgelesen wird. Für die Zuhörer kann es unter Umständen sehr anstrengend sein, einer monotonen Vorlesung zuzuhören und zu folgen. Auch ist es für Sie als Referent schwierig, so Kontakt zu Ihren Zuhörern zu halten. Sollten Sie Folien oder andere visuelle Mittel einsetzen, so erweist es sich außerdem als problematisch, am Text zu bleiben bzw. die richtige Stelle, an der Sie den Vortrag unterbrochen haben, wiederzufinden. In einem abgedunkelten Raum, in dem Sie Ihre Folien oder Dias präsentieren, ist es nur schwer möglich, den Text zu erkennen.
Aufgrund dessen ist es von Vorteil, das Referat frei vortragen zu können. Damit dies nicht allzu schwer ist, empfiehlt es sich, dass Sie sich Stichwortzettel anfertigen, die Sie während des Referates verwenden.

Für diese Stichwortzettel nehmen Sie am besten kleine Karteikarten im DIN-A5- oder DIN-A6-Format.

TIPP

Besorgen Sie sich Karteikarten, die aus dickerem Papier oder fester Pappe sind. Während des Vortrages werden Sie möglicherweise aufgeregt sein, und es kann passieren, dass dann Ihre Hände leicht zu zittern anfangen. Dies ist nicht schlimm, aber es ist Ihnen vielleicht unangenehm. Wenn Sie in einer derartigen Situation ein festes Stück Papier oder Pappe in den Händen halten, wird das Zittern gemindert bzw. ist für andere nicht so deutlich zu erkennen.

Benutzen Sie für die unterschiedlichen Kapitel Karteikarten in unterschiedlichen Farben. So haben Sie einen besseren Überblick, auch wenn einmal alles durcheinander geraten sollte. Empfehlenswert ist es ebenso, die Karten zu nummerieren. Jedoch sollten Sie dies erst ganz am Ende Ihrer Vorbereitungen, also einen Tag vor dem Referat, machen. Sie müssen sich sicher sein, dass dies die endgültige Reihenfolge ist, in der Sie die einzelnen Punkte referieren wollen.
Schreiben Sie auf den oberen Teil jeder Karte die Überschrift des jeweiligen Kapitels. Auf dem übrigen Teil der Karten können Sie Definitionen, Zitate oder auch Überleitungen zu anderen Kapiteln notieren.
Beschriften Sie die Karteikarten nur einseitig. Es kann ansonsten passieren, dass Sie während des Vortrages vergessen, einige Karten zu wenden, sodass Sie nicht alle Informationen, die Sie präsentieren wollten, referieren.

Schreiben Sie die Karten nicht mit langen Texten voll, sondern beschränken Sie sich auf die wichtigsten Begriffe. Benutzen Sie Druckbuchstaben oder bemühen Sie sich, in Ihrer „Sonntagsschrift" zu schreiben. Auch sollten Sie eine angemessene Größe wählen, sodass Sie auch aus weiterer Entfernung die Buchstaben noch gut erkennen können. Für eine bessere Übersicht ist es auch möglich, für die Schrift unterschiedliche Farben zu verwenden. Vermerken Sie ebenso, welche visuellen Mittel Sie an welchen Stellen einsetzen wollen. Es gibt allerdings unterschiedliche Arten, wie ein Stichwortzettel gestaltet werden kann.

Im Folgenden werden drei verschiedene Möglichkeiten vorgestellt. Prüfen Sie, welche Variante Ihnen persönlich am meisten liegen könnte.

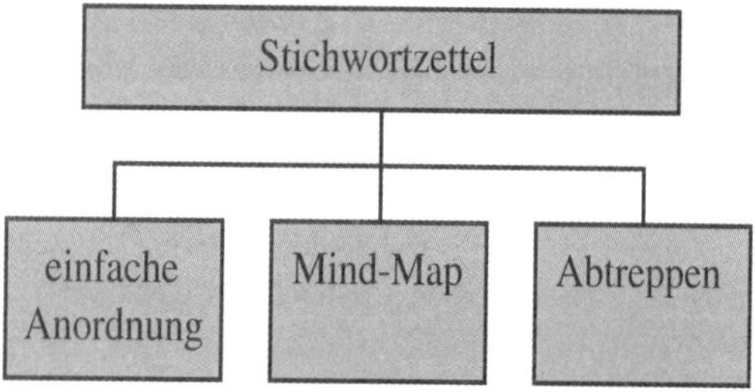

Abbildung 2.9

Einfache Anordnung von Stichworten
Unterteilen Sie Ihre Karteikarten in drei Felder. Dafür ziehen Sie zuerst zwei bis drei Zentimeter vom oberen Rand der Karte entfernt einen horizontalen Strich. Sie erhalten so zwei unterschiedlich große Felder. In das schmale Feld tragen Sie die Kapitelüberschrift ein. Das größere der beiden Felder unterteilen Sie dann durch eine vertikale Linie ebenfalls in zwei Felder. Ziehen Sie diese Linie so, dass das linke Feld etwa zwei Drittel der Kartenbreite in Anspruch nimmt.
In dieses schreiben Sie untereinander die jeweiligen Stichwörter. In das rechte Feld tragen Sie die entsprechenden visuellen Mittel ein, die Sie an diesen Stellen zur Veran-

schaulichung einsetzen wollen. Im Folgenden sehen Sie, wie eine Stichwortkarte für das Referat „Die Wüste – ein Grenzraum des Lebens" aussehen kann:

2. Leben in der Wüste **B: Pflanzen**	**6**
Wiederstand gegen Trockenheit: ▶ intensive Systeme ▶ extensive Systeme ▶ Fettpflanzen **Geringe Artenvielfalt:** ▶ Strauchgewächse ▶ Knollengewächse ▶ Wurzelstockgewächse **Seltene Bäume**	Folie

Abbildung 2.10

Mind-Mapping

Genauso wie Sie die Stichwörter für Ihr Referatsthema zusammengetragen haben, können Sie auch für die Gestaltung der Stichwortzettel die Methode des Mind-Mapping benutzen. Es gilt auch hier wieder: Verwenden Sie mehrere verschiedene Farben und gebrauchen Sie Symbole und Abbildungen. Benutzen Sie ausschließlich Substantive, Verben und Adjektive.

Beschriften Sie die Äste nicht mit langen Sätzen, sondern suchen Sie einzelne, aussagekräftige Wörter.

Wenn Sie die Stichwörter für Ihre Gliederung mithilfe einer Mind-Map zusammengetragen haben, wird es Ihnen bei der Gestaltung der Stichwortzettel wahrscheinlich nicht schwer fallen, die geeigneten Worte zu finden. Im Folgenden finden Sie ein Beispiel für einen Stichwortzettel, der in Form einer Mind-Map gestaltet ist.

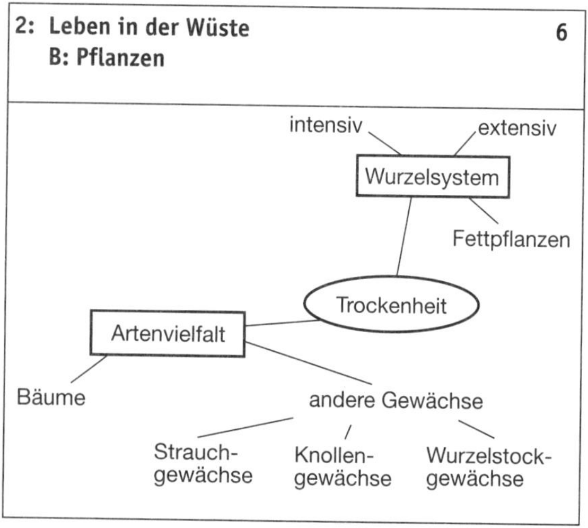

Abbildung 2.11

Abtreppen nach Geißner
Eine weitere Möglichkeit, den Stichwortzettel für Ihren Vortrag zu gestalten, ist die Methode des Abtreppens, wie sie von dem Sprachwissenschaftler Hellmut Geißner beschrieben worden ist.

Hierfür nehmen Sie Ihren ausgearbeiteten Referatstext und unterstreichen alle wichtigen Begriffe. Greifen Sie dabei alle Wörter heraus, mit denen Sie ohne Schwierigkeiten Ihr Referat halten könnten. Berücksichtigen Sie also auch Verben und Konjunktionen.
Diese Wörter lösen Sie dann aus Ihrem Text heraus und schreiben Sie an den Rand oder besser noch auf ein anderes Blatt – ungefähr in gleicher Zeilenhöhe, wie sie im Fließtext vorkommen.

Diese Wörter werden jedoch nicht untereinander in einem Block notiert, sondern von links nach rechts abgetreppt aufgeschrieben. Die Stufen entsprechen den jeweiligen Sinnschritten.

Zum besseren Verständnis finden Sie auf der folgenden Seite ein Beispiel. Es wird hierfür das Thema „Das deutsche Kaiserreich" aufgegriffen.
Anhand eines kurzen Textauszuges aus Gartz, Dr. Joachim. Wissen leicht gemacht. Weltgeschichte. 2003 Compact Verlag München, S. 93, wird die Methode des Abtreppens demonstriert.

2

„Das deutsche Kaiserreich

Frankreich wird mithilfe der Süddeutschen Staaten im Deutsch-Französichen Krieg 1870/71 geschlagen. Am 18. Januar 1871 wird daraufhin in Versailles das Deutsche Kaiserreich ausgerufen. Bismarck bezeichnet Deutschland nach der Reichsgründung als „saturiert". Es sollen keine weiteren territorialen Forderungen erhoben werden. Sein Ziel ist die Sicherung der Vormachtstellung des Deutschen Reiches unter gleichzeitiger Isolierung des Erzfeindes Frankreich. Durch eine ausgeklügelte Bündnispolitik gelingt es ihm, dieses Ziel bis zu seiner Entlassung durch Kaiser Wilhelm II. (1859-1941) weitgehend zu erreichen. Innenpolitisch orientiert er sich am konstitutionellen System. Da der Kanzler vom Vertrauen des Reichstages unabhängig ist, steht er über den Parteien. Bismarck regiert zunächst mit den Nationalliberalen.
Nach dem Scheitern seiner Politik im so genannten Kulturkampf (Kampf gegen die geistige Bevormundung durch die Kirche) stützt er sich auf Konservative und Zentrum, mit denen er seine Schutzzoll- und Sozialgesetzgebung verwirklichen kann. Die Sozialisten betrachtet Bismarck dagegen als Volksfeinde."

- Frankreich
  - im Deutsch-Französischen Krieg
    - geschlagen

- 18. Januar 1871
  - in Versailles
    - ausgerufen
      - Deutsches Kaiserreich

- Bismarcks Ziel
  - Sicherung der Vormachtstellung
    - Isolierung Frankreichs
      - gelingt
        - durch Bündnispolitik

- Innenpolitisch
  - konstitutionelles System
    - Kanzler
      - steht
        - über den Parteien

- Bismark
  - regiert
    - mit Nationalliberalen
      nach Kulturkampf:
      - mit Konservativen
        und Zentrum
        - er
          - Schutzzoll- und
            Sozialgesetzgebung
            - verwirklichen kann

- Sozialisten
  - für Bismarck
    - Volksfeinde

Übung 7: Damit Sie sich mit der Methode des Abtreppens etwas vertrauter machen können, versuchen Sie, für den folgenden Text einen Stichwortzettel zu gestalten. Im Anhang finden Sie ein Lösungsbeispiel.
(Der Text wurde entnommen aus: Cropp, Wolf-Ulrich. Wüsten – Leben in der Todeszone. 1992 Landbuch-Verlag GmbH Hannover, S. 86.)

„Da der Mensch im Verhältnis zu manchen Tieren nicht lange ohne Wasser existieren kann, lebt er an Quellen und Wasserlöchern oder beherrschte früh den Transport von Wasser auf die unterschiedlichste Art und Weise. [...] Wer in Trockenräumen lebt und arbeitet, schwitzt am Tag zwischen sechs und 14 Litern Flüssigkeit aus – je nach Tätigkeit –, die innerhalb von zwei, drei Tagen aufgefüllt werden müssen. Durch die Wasserabgabe verlassen den Körper lebenswichtige Salze. In 1 Liter Schweiß befinden sich bis zu 3 Gramm Kochsalz."

Geeignete Methode auswählen
Es ist sinnvoll, sich mit den drei unterschiedlichen Methoden vertraut zu machen, bevor man sich für eine von ihnen entscheidet. Schließlich ist es auch vom Referatsthema abhängig, ob die wesentlichen Inhalte des Vortrags besser durch die Methode des *Abtreppens*, die *Mind-Map* oder die *einfache Anordnung* festgehalten werden können. Um sich darüber klar zu werden, welche Methode die geeignetste ist, greifen Sie ein kurzes Kapitel Ihres Referatstextes heraus und gestalten

entsprechende Stichwortzettel in allen drei Varianten. Probieren Sie anschließend aus, damit einen kurzen Vortag zu halten. Mit welcher Methode fällt es Ihnen leichter? Wählen Sie diese für Ihr Referat aus und fertigen Sie die restlichen Stichwortzettel für Ihren Vortrag an.

CHECKLISTE: STICHWORTZETTEL ERSTELLEN

- Möglichst kleine Karteikarten in unterschiedlichen Farben verwenden.
- Die Karten jeweils im oberen Bereich mit der betreffenden Kapitelüberschrift versehen.
- Karteikarten nur einseitig beschriften.
- Beim Beschriften ausreichend große Druckbuchstaben verwenden, sodass man die Karten auch noch aus einer gewissen Entfernung lesen kann.
- Für das Beschriften Stifte in unterschiedlichen Farben benutzen.
- Den Einsatz von visuellen Mitteln vermerken, besonders bei der Methode der *einfachen Anordnung*.
- An einem kurzen Abschnitt des Referatstextes unterschiedliche Methoden (einfache Anordnung, Mind-Map, Abtreppen) ausprobieren und sich dann für eine von ihnen entscheiden.
- Beim Mind-Mapping die Äste nicht mit langen Sätzen beschriften.
- Beim Abtreppen *alle* Wörter herausschreiben, mit deren Hilfe man das Referat problemlos halten könnte.
- Zum Schluss die Karten nummerieren.

2.5 ANSCHAUUNGSMATERIAL

Um einen Vortrag aufzulockern oder um komplizierte Sachverhalte besser verständlich zu machen, eignen sich audiovisuelle Mittel hervorragend. Dies können beispielsweise Filmaufnahmen, Tonbänder, geografische Karten, Abbildungen, Folien und Statistiken sein.

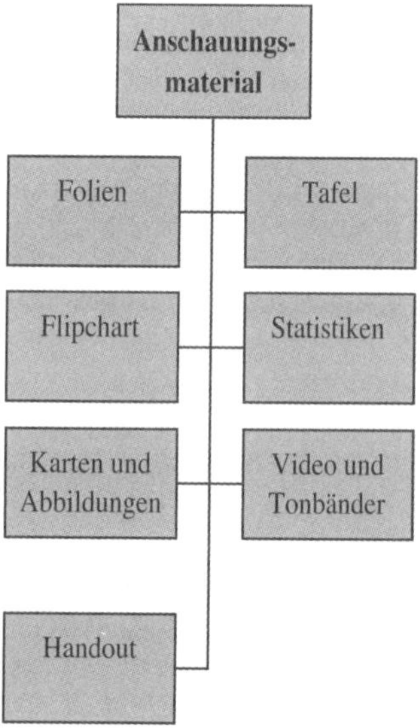

Abbildung 2.12

Darüber hinaus erleichtert Ihnen der Einsatz dieser so genannten *Medien* das freie Sprechen.
Durch das Auflegen verschiedener Folien bzw. die Betätigung eines Video- oder Kassettenrekorders sind Sie gezwungen, sich von Zeit zu Zeit von Ihrem Skript oder Ihren Stichwortzetteln zu lösen. Sie sollten diese kurzen Unterbrechungen dazu nutzen, Blickkontakt zu Ihren Zuhörern aufzunehmen.
Für diese ist es zudem einfacher, Ihnen zu folgen, da sie durch die unterschiedlichen Medien eine Orientierungshilfe bekommen und gewissermaßen durch den Vortrag „geführt" werden.
Da der Mensch sich Informationen besser merken kann, wenn er sie sowohl hört als auch sieht, erleichtern Sie Ihren Mitschülern das Verstehen und auch das Lernen.
Die Nutzung von Medien kann Ihre Zuhörer auch dazu anregen, aktiv zum Thema Stellung zu nehmen, bzw. macht es für Sie selbst leichter, Ihre Mitschüler zur Mitarbeit zu motivieren.

Wenn Sie Medien einsetzen, sollte Ihnen der Umgang damit vertraut sein. Überprüfen Sie, ob Sie mit den ausgewählten Mitteln auch das bewirken werden, was Sie beabsichtigt haben. Achten Sie darauf, dass Ihnen genügend Zeit für die Darbietung zur Verfügung steht.

Folien

Folien erweisen sich als äußerst praktisch, da man sie zu Hause vorbereiten kann und auch der Transport keine Probleme bereitet. Es werden drei Arten von Folien unterschieden:

- **Fertigfolien**: Diese werden voll und ganz zu Hause erstellt und während des Referates präsentiert.

- **Teilfertigfolien**: Hier wird nur ein Teil der Information zu Hause auf die Folie aufgetragen. Der fehlende Teil wird während des Vortrages handschriftlich oder durch das Auflegen einer weiteren Folie ergänzt. So können die Zuhörer die wichtigsten Gedankengänge direkt mitverfolgen.

- **Livefolien**: Diese werden direkt vor den Augen des Publikums erstellt. Hierzu beginnt man mit einer leeren Folie und beschriftet sie nach und nach. Die Zuhörer können die Entwicklung eines Gedankenganges direkt mitverfolgen, dadurch bleiben die Inhalte besser im Gedächtnis haften. Beim Einsatz von Livefolien ist darauf zu achten, dass ihre Erstellung während des Vortrags äußerst zeitintensiv sein kann, sie sich für ein Kurzreferat also weniger eignen.

TIPP

Folien haben, wie bereits erwähnt, viele Vorzüge. Jedoch sollten Sie sich nicht dazu verleiten lassen, für jede noch so kleine Information eine Folie anzulegen. Sie würden Ihre Zuhörer mit Informationen überfluten, und die Vorteile der Präsentation wären dann nicht mehr nutzbar. Beschränken Sie also die Anzahl der Folien auf ein akzeptables Maß. Schreiben Sie keine langen Romane auf die Folie, sondern wählen Sie kurze, aussagekräftige Begriffe.

Gestaltung von Folien
Bei der Gestaltung der Folien sollten Sie auf einige Punkte achten. Es ist zu empfehlen, Farben zur besseren optischen Gestaltung einzusetzen. Gehen Sie jedoch mit den Farben sparsam um, d. h. pro Folie sollten Sie nicht mehr als drei unterschiedliche Farben verwenden.
Mithilfe von Farben können Sie bestimmte Sachverhalte hervorheben und unterstreichen. Markieren Sie zusammengehörige Begriffe in derselben Farbe. Achten Sie jedoch darauf, dass Sie nicht zu viel unterstreichen, sonst wirkt Ihre Folie verwirrend auf die Zuhörer, und diese können dann Ihren Gedankengängen nicht mehr folgen.

Sie können die Farbkontraste gezielt einsetzen, indem Sie beispielsweise bei einer Darstellung von Argumenten (pro und contra) zwei verschiedene Farben verwenden.
Entscheiden Sie sich, für Ihren Vortrag Fertigfolien oder Teilfertigfolien einzusetzen, so können Sie diese zu Hause oder in der Schule am Computer oder auch handschriftlich vorbereiten. Schreiben Sie nur wenig Text auf die Folie. Ihre Mitschüler können Ihnen nicht folgen, wenn Sie ihnen eine große Menge an Informationen auf einmal präsentieren. Verwenden Sie auch visuelle Blickfänge wie Pfeile oder Symbole.
Benutzen Sie Groß- und Kleinbuchstaben. Viele sind der Ansicht, ein Text wird leichter lesbar, wenn ausschließlich Großbuchstaben verwendet werden. Dies ist jedoch ein Trugschluss. Anhand der folgenden Übung können Sie dies überprüfen.

Übung 8: Text 1:
„NACH DEN ERSCHÜTTERUNGEN DER ALTEN ORDNUNG DURCH DIE FRANZÖSISCHE REVOLUTION UND IHRE FOLGEN SOLL DURCH DEN WIENER KONGRESS EINE DAUERHAFTE EUROPÄISCHE FRIEDENSORDNUNG ERRICHTET WERDEN. DAS GLEICHGEWICHT DER KRÄFTE SOLL WIEDERHERGESTELLT UND VERTRAGLICH ABGESICHERT WERDEN. IN JENEN STAATEN WO LEGITIME REGIERUNGEN ABGESETZT WORDEN SIND, SOLLEN SIE WIEDER EINGESETZT WERDEN (RESTAURATION)."
(entnommen aus: Gartz, Dr. Joachim. Wissen leicht gemacht. Weltgeschichte. 2003 Compact Verlag München, S. 88.)

Text 2:
„Die industrielle Revolution beginnt zunächst im 18. Jh. in England, um dann im Verlauf des 19. Jhs. auf den europäischen Kontinent überzugreifen. Eine wachsende Bevölkerung, zunehmende Landflucht und technische Erfindungen begünstigen ihre Entwicklung, die zu fundamentalen gesellschaftlichen Veränderungen führt."
(entnommen aus: Gartz, Dr. Joachim. Wissen leicht gemacht. Weltgeschichte. 2003 Compact Verlag München, S. 91.)

Dies bedeutet jedoch nicht, dass Sie auf Wörter in Großbuchstaben ganz verzichten sollen. Wenn Sie bestimmte Begriffe hervorheben möchten, können Sie diese ruhig verwenden. Jedoch sollten Sie immer daran denken, sparsam damit umzugehen.

Auch die Schriftart ist von Bedeutung. Am leichtesten ist die Serifenschrift zu lesen. Als Serife wird der kleine, abschließende Querstrich bezeichnet, der sich am oberen oder unteren Ende eines Buchstabens befindet.

Die gängigste Serifenschrift ist *Times New Roman*. Die meisten Bücher und Artikel sind in dieser Schrift geschrieben. Es gibt natürlich noch weitere Serifenschriften wie *Berling Antiqua*, *Copperplate* oder *Poster Bodoni BT*.

Bei der serifenlosen Schrift fehlen, wie der Name schon sagt, die Serifen am oberen bzw. unteren Ende der Buchstaben. Eine serifenlose Schrift ist beispielsweise *Arial*.

Dieser Schrifttyp zeichnet sich dadurch aus, dass er äußerst platzsparend ist. Deshalb sind solche Schriften gut für die Beschriftung von Tabellen geeignet.

Wie für den Einsatz von Farben gilt auch hier die „Dreier-Regel“: Verwenden Sie nicht mehr als drei unterschiedliche Schriftarten.

Die Größe der Schrift ist so zu wählen, dass auch die Schüler in den hinteren Reihen Ihre Folien gut lesen können. Wählen Sie eine Schrift, die nicht kleiner als 18 Punkt ist. Für Überschriften empfiehlt es sich, eine 24-Punkt-Schrift zu verwenden. Versuchen Sie, die Schriftgröße einheitlich zu halten, da ansonsten die Lesbarkeit erschwert wird.

Wenn Sie Ihre Folien fertig erstellt haben, können Sie diese auf Papier ausdrucken und in einem Copy-Shop oder in der Schule auf Folie kopieren. Sollten Sie nicht die Möglichkeit haben, am Computer die Folien vorzuschreiben, so können Sie dies natürlich auch handschriftlich machen. Es gelten hier die gleichen Kriterien hinsichtlich der Schriftgröße und der Farben, wie sie im Vorfeld behandelt worden sind.

Damit Sie bei der späteren Präsentation nicht durcheinander kommen, empfiehlt es sich, die Folien zu nummerieren. Aber wie bei den Stichwortzetteln sollten Sie damit bis zum Schluss der Vorbereitungen warten, bis die endgültige Reihenfolge Ihres Vortrages feststeht.

CHECKLISTE: FOLIEN

- Nicht zu viel Text auf Folie schreiben.
- Pfeile und Symbole verwenden.
- Groß- und Kleinbuchstaben benutzen.
- Serifenschrift verwenden.
- Nicht mehr als drei Schriftarten einsetzen.
- Schriftgröße zwischen 18 Punkt und 24 Punkt wählen.
- Nummerierung der Folien nicht vergessen.

Wenn Sie bei Ihrem Referat Livefolien einsetzen möchten, so überlegen Sie sich vorher zu Hause, wie Sie diese gestalten wollen. Machen Sie sich eine Skizze auf einem Blatt Papier. Üben Sie anschließend das Schreiben mit dem Folienstift auf einer Folie.

Tafel

Um bei einem anfänglichen Brainstorming, d. h. bei einem Sammeln spontaner Einfälle der Mitschüler, Ergebnisse zu erfassen, eignet sich ein Tafelbild. Ebenso können Sie für die Entwicklung von Gedankengängen, die Ihre Zuhörer nachvollziehen sollen, die Tafel einsetzen.

Ein Vorteil der Tafel besteht darin, dass Sie leicht zu handhaben ist und die Zuhörer bei der Gestaltung aktiv mitwirken können. Eine Tafel gibt es in jedem Klassenzimmer, und sie ist grundsätzlich immer sofort einsetzbar. Manche Tafeln sind auch magnetisch, sodass man dort einige Dinge wie Poster oder Schaubilder anbringen kann.

Übung 9: Überlegen Sie sich, wie Ihr Tafelbild für Ihr Referat aussehen könnte. Malen Sie es sich auf einem Blatt Papier auf. Probieren Sie unterschiedliche Möglichkeiten aus. Vorschläge finden Sie im Anhang.

Beim Schreiben sollten Sie darauf achten, dass die Schrift groß genug ist, da die Zuhörer in der letzten Reihe bestimmt auch an Ihrem Tafelbild interessiert sind.
Schreiben Sie möglichst leserlich und versuchen Sie, die Zeilen gerade zu schreiben. Wenn Ihre Handschrift nicht so gut sein sollte, dann gebrauchen Sie lieber Druckbuchstaben. Verzichten Sie jedoch darauf, ausschließlich Großbuchstaben zu verwenden. Setzen Sie zur besseren optischen Gestaltung Pfeile, Kästchen und Symbole ein.
Auch farbige Kreide ist geeignet, ein Tafelbild übersichtlicher zu gestalten, Sie sollten aber ausprobieren, welche Farbe am besten zu erkennen ist.

TIPP

Damit Sie sich bei der Gestaltung des Tafelbildes während des Referates sicherer fühlen, machen Sie vorher eine Generalprobe. Suchen Sie sich ein paar Tage vor Ihrem Referat ein leeres Klassenzimmer und zeichnen Sie Ihr Tafelbild an.

Gehen Sie durch den Raum und prüfen Sie, wie Ihr Tafelbild aus unterschiedlichen Entfernungen wirkt. Möglicherweise entdecken Sie etwas, das noch verbessert werden könnte.

Wenn Sie ein Tafelbild für Ihren Vortrag einsetzen wollen, sollten Sie genügend Zeit einplanen. Da es sich empfiehlt, erst die Begriffe aufzuschreiben und dann direkt zu seinem Publikum zu sprechen, kann der Einsatz diese Mediums zeitaufwändig sein.

CHECKLISTE: TAFELBILD

- **Groß und leserlich schreiben, gegebenenfalls Druckbuchstaben verwenden.**
- **Einsatz verschiedenfarbiger Kreide.**
- **Pfeile, Kästchen und Symbole verwenden.**
- **Genügend Zeit einplanen.**

Flipchart

Als Flipchart bezeichnet man einen großen Papierblock, der an einem Gestell befestigt ist. Ein Flipchart hat den Vorteil, dass es überall aufgestellt werden kann und relativ leicht zu handhaben ist.

Die einzelnen Blätter des Flipcharts lassen sich vorher gut vorbereiten. Überlegen Sie sich, wie Sie die einzelnen Seiten aufteilen wollen. Versuchen Sie, leserlich zu schreiben, üben Sie es gegebenenfalls vorher zu Hause auf einem großen Blatt Papier. Zum Schreiben benutzen Sie am besten einen Stift, der eine Breite von ca. 5 mm hat. Setzen Sie auch hier zur übersichtlichen Gestaltung unterschiedliche Farben ein. Die Schriftgröße sollte ungefähr 5 cm betragen. Achten

Sie darauf, dass Sie die Buchstaben eng aneinander setzen. Haben Sie zu große Zwischenräume zwischen den Buchstaben, so ist das Geschriebene nicht mehr so gut lesbar. Auf ein Blatt sollten nicht mehr als 10 Zeilen geschrieben werden. Wenn Sie Zeichnungen verwenden, so sollten diese mindestens die Größe eines DIN-A4-Blattes haben.

Haben Sie den Inhalt eines Blattes vorgetragen, so blättern Sie dieses um. Es ist nicht empfehlenswert, die Blätter abzureißen, da diese Ihnen dann wahrscheinlich im Weg liegen. Eine Ausnahme ist es jedoch, wenn Sie bestimmte Blätter an die Wand hängen wollen, um auch weiterhin Zugriff darauf zu haben.

Der Vorteil eines Flipcharts besteht darin, dass Sie jederzeit – beispielsweise bei der abschließenden Diskussion – die einzelnen Seiten vor- und zurückblättern können.

CHECKLISTE: FLIPCHART

- **Aufteilung des Blattes überlegen.**
- **Maximal 10 Zeilen pro Blatt aufschreiben.**
- **Schriftgröße von ca. 5 cm wählen.**
- **Einen Stift mit einer Breite von ca. 5 mm verwenden.**
- **Buchstaben eng nebeneinander schreiben.**
- **Sich um leserliche Schrift bemühen.**
- **Zeichnungen in DIN-A4-Größe verwenden.**

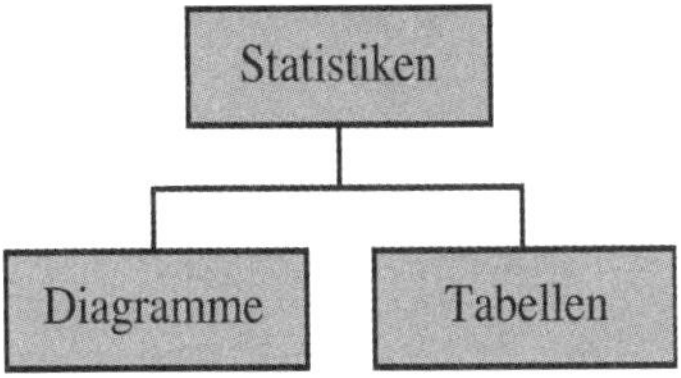

Abbildung 2.13

Diagramme
Um Zahlenwerte anschaulicher zu gestalten, besteht die Möglichkeit, selbst Diagramme zu erstellen. Welche unterschiedlichen Formen von Diagrammen es gibt, wurde bereits in Kapitel 2.1 behandelt.

Die eigene Gestaltung eines Diagramms mithilfe des Computers ist relativ einfach. Verfügt Ihr Computer über ein Windows-Betriebssystem, so öffnen Sie das Word-Programm. Gehen Sie in der Menüleiste auf den Begriff *Einfügen* und klicken Sie diesen mit der Maus an. Wählen Sie aus der Leiste, die dann erscheint, den Begriff *Grafik* aus. Wenn Sie diesen anklicken, erscheint eine neue Leiste, die den Begriff *Diagramm* enthält. Sobald Sie diesen Begriff mit der Maustaste aktivieren, fügt sich *Diagramm* automatisch in Ihre obere Menüleiste ein. Klicken Sie dies in der Menüleiste an, so erscheint eine Liste. Hier können Sie zum einen den

Diagrammtyp auswählen, z. B. Säulen-, Balken-, Linien-, Kreis- oder Ringdiagramm.
Zum anderen enthält die Liste die Punkte *Diagramm-Optionen* und *3-D-Ansicht*.

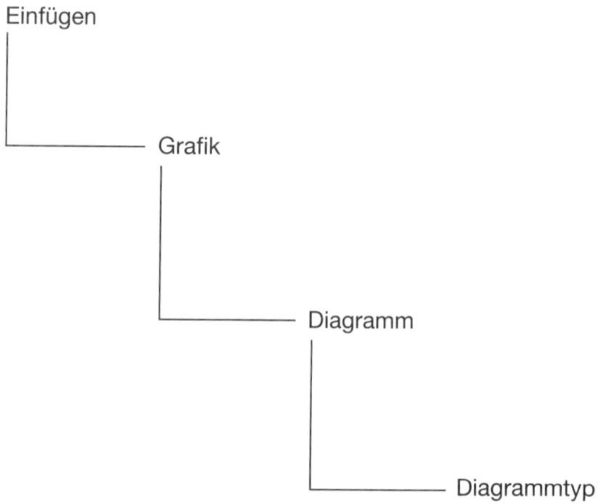

Abbildung 2.14

Haben Sie einen Diagrammtyp ausgewählt, so erscheint eine Abbildung des Diagramms mit der dazugehörigen Tabelle. Diese enthält Beispielswerte, die Sie jedoch löschen können, um Ihre eigenen Werte einzusetzen. Diese Tabelle ist die

Grundlage für alle weiteren Operationen, um das Diagramm fertig stellen zu können. Geben Sie Ihre Zahlenwerte anstelle der Beispielwerte in die Tabelle ein und bestätigen Sie Ihre Eingaben. Nun erscheint ein Diagramm, welches die von Ihnen eingegebenen Werte enthält. Wenn Sie mit der Maustaste auf die jeweiligen Säulen bzw. Flächen klicken, haben Sie die Möglichkeit, die Farben, Formen oder Muster zu verändern oder Schattierungen einzufügen. Auch können Sie den Abstand zwischen den Säulen variieren.

Gestalten Sie die Flächen des Diagramms so, dass sie leicht zu erkennen sind. Achten Sie dabei auch auf eine gut lesbare Schriftgröße, falls Sie Textfelder in die einzelnen Flächen einfügen. Das Wichtigste muss am deutlichsten hervorgehoben sein. Verwenden Sie am besten unterschiedlich abgestufte Grautöne und 45-Grad-Schraffuren. Bei einem Kreisdiagramm ist z. B. die farbliche Gestaltung der einzelnen Felder von der Größe der Fläche abhängig. Je größer die Fläche, desto heller sollte die Musterung bzw. Farbe sein.

Wählen Sie eine Art der Darstellung, die Ihre Schilderung unterstützt und veranschaulicht. Balkendiagramme, Säulendiagramme und Kreisdiagramme eignen sich für die vergleichende Darstellung von zeitunabhängigen Daten. Bei Kreisdiagrammen sollten Sie auf eine 3-D-Ansicht verzichten, da die Größe der einzelnen Teile nicht so gut erkennbar ist. Für die Darstellung eines zeitlichen Verlaufes sollten Sie ein Liniendiagramm wählen.

TIPP

Mithilfe Ihres Word-Programmes können Sie viele verschiedene Diagramme erstellen und optisch ansprechend darstellen. Überlegen Sie sich, welche Werte Sie besonders hervorheben möchten und wählen Sie eine Vorlage, die Ihre Schilderung unterstützt und veranschaulicht. Verwenden Sie unterschiedlich abgestufte Grautöne und 45-Grad-Schraffuren. Für die Darstellung eines zeitlichen Verlaufes sollten Sie ein Liniendiagramm wählen.
Wenn Sie ein Diagramm für Ihr Thema anfertigen möchten und es fehlen Ihnen die notwendigen Zahlenwerte, so können Sie hiernach im Internet recherchieren. Hilfreich ist hier unter anderem die Internetseite des Statistischen Bundesamtes. Die entsprechende Adresse können Sie den Info-Seiten entnehmen.

Übung 10: Um ein wenig mehr Übung im Umgang mit Diagrammen zu bekommen, versuchen Sie einmal die folgenden Abbildungen professionell zu beurteilen. Handelt es sich jeweils um eine gute Darstellung oder kann etwas verbessert werden? Welche Aussage ist dem Diagramm zu entnehmen? Vergleichen Sie Ihre Ergebnisse mit den Erläuterungen im Anhang.

Um die Erstellung von Diagrammen zu üben und die beschriebenen Operationen zu festigen, sollten Sie darüber hinaus versuchen, diese Diagramme selbst am Computer anzufertigen. Führen Sie dabei Änderungen durch, falls Ihnen während Ihrer Auswertung Verbesserungsvorschläge eingefallen sind. Achten Sie vor allem darauf, dass die von Ihnen erstellten Diagramme exakt dieselben Werte enthalten wie die hier aufgeführten Diagramme.

a) Industrieproduktion (1800) – Weltanteile in %

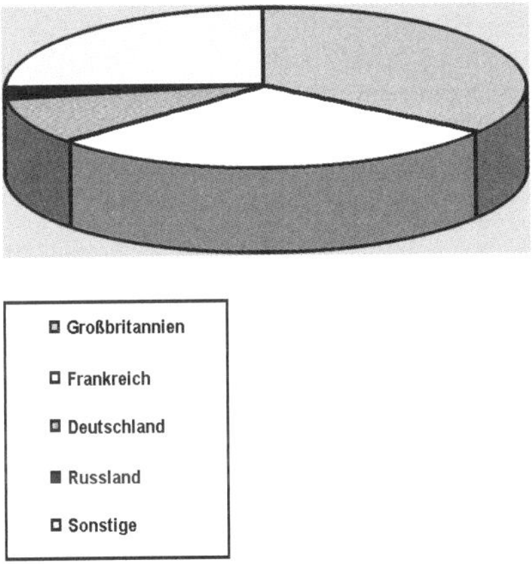

Anmerkungen:

2

b) Industrieproduktion in Millionen Pfund Sterling

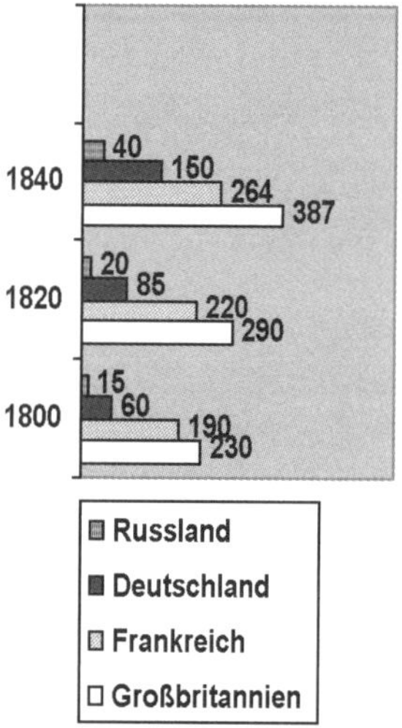

Anmerkungen:

c) Industrieproduktion in Millionen Pfund Sterling

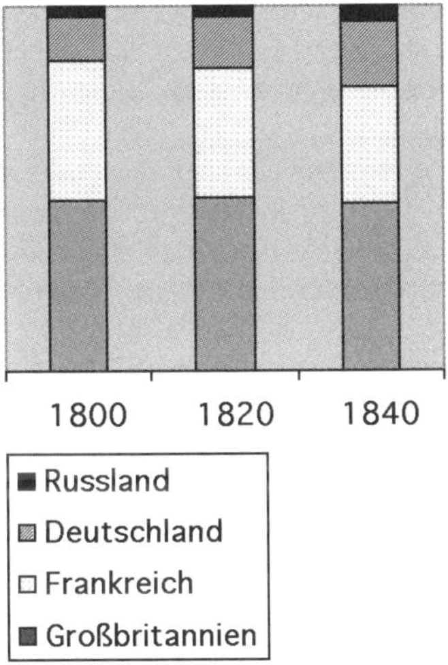

Anmerkungen:

Tabellen

Eine Tabelle setzt sich aus mehreren verschiedenen Elementen zusammen. Das wichtigste ist das Tabellengerüst. Das Gerüst einer Tabelle besteht aus Zellen, Zeilen und Spalten. Die Zellen sind die kleinsten Einheiten einer Tabelle. In den Zellen befinden sich die Daten (Text, Bilder oder Zahlen). Die Zeilen einer Tabelle bestehen aus allen Zellen, die sich nebeneinander befinden und auf der gleichen Höhe liegen. Die Spalten sind alle Zellen einer Tabelle, die sich untereinander befinden und auf gleicher Breite liegen.

Haben Sie viele Daten, die Sie vorstellen wollen, so bietet sich für die Präsentation eine Tabelle an. Aber auch bei der Gestaltung einer Tabelle gibt es einige Dinge, die man beachten sollte:

Es stellt sich zunächst einmal die Frage, wie eine Tabelle angefertigt wird. Dazu bietet sich wieder das Arbeiten am Computer an. In der Menüleiste von Word finden Sie den Begriff *Tabelle*. Wenn Sie diesen anklicken, so erscheint eine Liste. Hier klicken Sie mit der Maustaste den Begriff *Zellen einfügen* an. Daraufhin erscheint wiederum der Begriff *Tabelle*. Wenn Sie diesen mit der Maustaste aktivieren, dann öffnet sich ein weiteres Fenster. Hier haben Sie die Möglichkeit, die Spalten- und Zeilenanzahl festzulegen. Ebenfalls lässt sich das Format der Spalten bestimmen. Wenn Sie den Button *Tabellenformat* anklicken, können Sie zwischen unterschiedlichen Gestaltungsmöglichkeiten für Tabellen wählen.

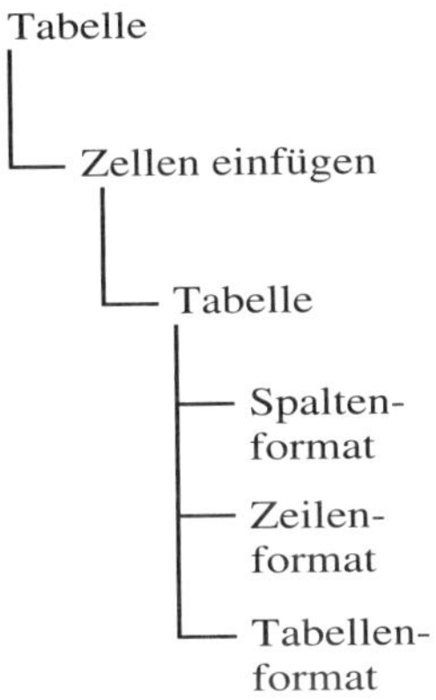

Abbildung 2.15

Eine weitere Möglichkeit Tabellen zu erstellen, ist die folgende:

Klicken Sie das Symbol *Tabelle einfügen* in der Symbolleiste an, um eine Tabelle einzufügen. Bestimmen Sie bei gedrückter linker Maustaste die Anzahl der Spalten und Zeilen, indem der Mauszeiger nach unten bzw. nach rechts gezogen wird.
Als Schriftart eignet sich – wie bereits im Vorfeld erwähnt – die Schrift *Arial*, da sie äußerst platzsparend ist. Denken Sie an eine ausreichende Schriftgröße, wenn Sie die Tabelle auf einer Folie präsentieren wollen.

TIPP

Wenn Sie eine Tabelle in eine Präsentation einbauen möchten, sollte die Schriftgröße mindestens 20 Punkt betragen.

Beschränken Sie sich bei den Zahlenwerten auf zwei Stellen hinter dem Komma, da die Tabelle ansonsten zu unübersichtlich wirkt. Wichtige bzw. auffällige Werte sind fett hervorzuheben oder farbig zu markieren. Wählen Sie diese Werte jedoch vorher sorgfältig aus und markieren Sie nicht allzu viele Zahlen.

Sie können eine Tabelle auch als Verknüpfung in ein Textdokument einfügen. Mit dem Erstellen einer Verknüpfung werden die Inhalte der Tabelle in das Textdokument übernommen. Die Tabelle selbst wird kein Bestandteil des Textdokuments. Es bleibt jedoch eine Verbindung zwischen ihr und dem Textdokument bestehen. Demzufolge wird jede Änderung der Tabelle beim erneuten Öffnen des Textdokumentes übernommen. Die angezeigten Inhalte im Textdokument sind somit immer auf einem aktuellen Stand und entsprechen den Werten in der Tabelle. Im Folgenden sehen Sie eine Tabelle für ein Erdkundereferat.

TIPP

Möchten Sie, dass Veränderungen des Tabellendokuments nicht im Textdokument aktualisiert werden, sollten Sie eine Tabelle als eingebettetes Objekt verwenden. Eine solche ist ein eigenständiges Objekt mit eigenen Eigenschaften, d. h. Sie können diese Tabelle inhaltlich und äußerlich verändern.

Orte	Jahres-Mittel (°C)	Absolutes Minimum (°C)	Absolutes Maximum (°C)	Sandwind Tage/Jahr
Ain Salah	25,4	- 3,1	50,2	**54,9**
Adrar	24,6	- 4,0	51,0	14,1
Ouargla	22,6	**- 6,9**	52,7	37,7
Tindouf	23,6	- 4,2	**57,1**	10,3
Ghadames	22,1	- 4,8	55,2	19,2
Assuan	**26,8**	1,7	50,6	-
Tarfaya	18,9	5,0	39,6	2,9
Fdayrik	25,9	4,8	49,0	-
Bilma	26,3	- 3,0	48,0	-
Wadi Halfa	25,8	1,0	49,0	-

Wenn Sie viele verschiedene Punkte in Ihrer Tabelle vorstellen wollen, empfiehlt es sich, diese Punkte in thematische Blöcke zu fassen. In dem folgenden Beispiel wurden die einzelnen Städte in Länderblöcke – zuerst vier deutsche Städte, dann drei englische Städte – zusammengefasst.

Wachstum deutscher und englischer Großstädte im 19. Jahrhundert. 1 Einheit = 1000 Einwohner. Berlin hatte demnach um 1800 172000 Einwohner.

Ort	**1800**	**1850**	**1900**
Berlin	172	419	1889
Hamburg	130	132	706
Frankfurt am Main	48	65	289
Essen	4	9	119
London	959	2363	4537
Manchester	77	336	544
Liverpool	82	397	685

CHECKLISTE

- **wichtige Daten fett bzw. farbig markieren**
- **Darstellung der Zahlen auf zwei Stellen hinter dem Komma beschränken**
- **Daten in thematische Blöcke zusammenfassen**

Karten und Abbildungen

In Abhängigkeit vom Thema ist es auch möglich, geografische Karten einzusetzen, um den Zuhörern die Lage der Orte anschaulich zu machen. Hierfür sollten Sie sich als Referent im Vorfeld ausführlich mit der Karte auseinandersetzen. Sie müssen während des Referates in der Lage sein, die Orte ohne langes Suchen auf der Karte zu finden. Mit wagen Äußerungen wie „Irgendwo hier müsste die Stadt liegen ...", werden Ihre Zuhörer wenig anfangen können.

Abbildungen können ebenfalls hilfreich sein, Ihren Vortag visuell zu unterstützen. Jedoch sollten Sie Ihre Mitschüler nicht mit Bildern überfluten, weil diese dann die Informationen nicht mehr aufnehmen können. Bei den Abbildungen kann es sich um Fotos, Zeichnungen, Tabellen, Diagramme etc. handeln, die Sie der Literatur entnommen haben. Diese können Sie entweder auf Folie kopieren oder mit in Ihr Handout aufnehmen. Handelt es sich um Fotos aus großen Bildbänden, so können Sie diese auch in der Buchform zeigen. Die Abbildungen sollten einfach und gut verständlich sein. Überlegen Sie sich vorher, mit welchen Worten Sie die Abbildungen beschreiben wollen. Ihre Zuhörer sehen diese zum ersten Mal, sodass eine genaue Erklärung hierzu wichtig ist.

Video und Tonbänder

Falls Sie ein Video oder ein Tonband einsetzen wollen, so ist es günstig, dieses vorher genau und am besten mehrmals anzuschauen. Suchen Sie einzelne, kurze Stellen heraus, die gut zu Ihrem Referat passen und wichtig bzw. interessant sind. Halten Sie fest, wo die entsprechenden Stellen zu finden sind, die Sie zeigen wollen. Bei Videorecordern ist hier die Anzeige der Umdrehungen hilfreich. Schreiben Sie sich die Umdrehungszahl am besten auf. So können Sie immer zu den entsprechenden Stellen vorspulen. An einigen Tonbandgeräten befindet sich ebenso ein solches Zählwerk. Sie können jedoch auch die entsprechenden Stellen auf einem Band zusammenschneiden. So brauchen Sie nicht vorzuspulen und sparen Zeit.

Handout

Ein Handout erleichtert Ihren Zuhörern, Ihrem Vortrag zu folgen. Die Mitschüler können so die wichtigsten Aspekte noch einmal nachlesen und werden vom Mitschreiben entlastet. Das Handout (auch Thesenpapier) ist immer unselbstständig, das heißt, es muss in einer Diskussion kommentiert werden. Sie sollten Ihr Handout in den Sachzusammenhang einbinden, auf den es sich bezieht. Es ist also eine Art Leitfaden für Ihre Zuhörer.

Das Handout sollte nicht zu ausführlich sein, sondern nur die wichtigsten Gliederungspunkte beinhalten.

Nehmen Sie die maßgeblichen Begriffe, Definitionen, Namen, Daten und Zahlen in das Handout mit auf. Fassen Sie die wichtigsten Ergebnisse in eigenen Worten zusammen. Ebenso können Sie Abbildungen und Tabellen mit aufführen, auf die Sie im Referat eingehen werden. Schreiben Sie Thesen auf, die als Grundlage für die anschließende Diskussion dienen sollen. Des Weiteren können Sie die für das Referat verwendete

Literatur sowie weitere Literaturverweise in das Handout mit aufnehmen.

Im oberen Teil des Handouts steht das Referatsthema. Das Handout sollte genauso strukturiert sein wie Ihr Referat, sodass die Zuhörer gut folgen können. Gestalten Sie es übersichtlich und lassen Sie genügend Platz, damit Ihre Mitschüler sich Notizen machen können. Am Ende des Handouts stehen der Name des Referenten, die Kursbezeichnung sowie das Datum. Das gesamte Handout sollte nicht mehr als zwei Seiten umfassen.

CHECKLISTE

Bevor Sie Ihr Handout erstellen, sollten folgende Voraussetzungen erfüllt sein:

- **Erarbeiten Sie zunächst alle Inhalte, um die es gehen soll.**
- **Ordnen Sie alle Materialien, die Sie während Ihres Referates verwenden werden.**
- **Erarbeiten Sie einen Vortragsleitfaden (entspricht in etwa dem Inhaltsverzeichnis einer schriftlichen Arbeit).**
- **Notieren Sie alle wichtigen Aussagen, die Sie im Vortrag entwickeln, begründen und erläutern werden, in Kurzform auf.**
- **Bringen Sie Ihre Thesen in eine logische Reihenfolge.**
- **Fügen Sie Quellenverweise ein.**

Auf den folgenden Seiten finden Sie ein Beispiel, wie ein Handout zum Referatsthema „Die Wüste – ein Grenzraum des Lebens“ aussehen kann.

2

Die Wüste – ein Grenzraum des Lebens

1. Allgemeines

Definition Desertifikation:
„Die räumliche Ausweitung der Wüsten durch unsachgemäße Nutzung und Veränderung der Trockengebiete. Hauptursachen hierfür sind die Zerstörung der Vegetation und Eingriffe im Wasserhaushalt."

Wüstenformen:
- Kältewüsten
- Trockenwüsten
- Salzwüsten
- Sandwüsten
- Felswüsten

2. Leben in der Wüste

a) allg. Bedingungen:
- Wassermangel
- hohe Luft- und Bodentemperaturen
- starke Verdunstung

b) Pflanzen

unterschiedliche Wurzelsysteme:
- intensiv: unzählige Verästelungen, Gesamtlänge bis zu mehreren Kilometern.
- extensiv: Wurzeln bohren sich mehrere Meter tief.

- Fettpflanzen: eher oberflächliches Wurzelsystem; nach einem Regen bedecken sie den Boden mit Wurzelfasern.

c) Tiere
Anpassung an die feindliche Umwelt mehr durch Physiologie als durch die Formen; zeitweise Flucht vor dem Klima möglich.

d) Menschen
- nomadische Lebensweise
- sesshafte Lebensweise

3. Offene Fragen

Ist die fortschreitende Ausweitung der Wüsten aufzuhalten? Wie kann der Mensch zukünftig diesen Lebensraum für sich gestalten?

Literatur:

Cropp, Wolf-Ulrich. Wüsten – Leben in der Todeszone. 1992 Landbuch-Verlag GmbH Hannover.

Großes Universal Taschenlexikon. Bd. 7. 1998 Compact Verlag München.

Referentin: Jenny Müller, LK Erdkunde, 28.10.14

2.6 ÜBEN DES VORTRAGES

Um nicht ins kalte Wasser zu springen und am entscheidenden Tag während des Referates nicht nach den geeigneten Worten suchen zu müssen, empfiehlt es sich, den Vortrag vorher einige Male zu üben.

Übung 11: Stellen Sie sich vor, wie es am Tag Ihres Referates aussehen wird. In welchem Raum werden Sie sich befinden? Wer wird Ihnen gegenüber sitzen? Stimmen Sie sich positiv auf Ihren Vortag ein. Stellen Sie sich vor, wie Sie entspannt und selbstsicher vor Ihren Zuhörern einen flüssigen Vortrag halten. Wiederholen Sie diese Übung mehrmals.

Nehmen Sie zum Üben des Referates nicht Ihren ausgearbeiteten Referatstext. Es macht wenig Sinn, das Aufgeschriebene auswendig zu lernen. Üben Sie lieber, frei und flüssig zu sprechen. Hierfür sind Ihre Stichwortzettel sehr hilfreich. Formulieren Sie zu jedem Stichwort einen oder mehrere Sätze. Versuchen Sie, Überleitungen zu den nachfolgenden Stichpunkten zu finden. Wenn Ihnen beim Sprechen gute Formulierungen einfallen, schreiben Sie diese zu Ihrem Referatstext. Sie werden beim freien Sprechen merken, wo in Ihrem Text noch Lücken sind bzw. was ergänzt werden muss.

Üben Sie besonders den Anfang und das Ende des Referates. Wie können Sie am Anfang die Aufmerksamkeit der Zuhörer erlangen? Wie können Sie am Ende des Referates in eine Diskussion überleiten?

Achten Sie darauf, ob Sie die vorgegebene Redezeit einhalten können. Falls dies nicht der Fall sein sollte, überprüfen Sie, an welchen Stellen Ihres Referates Sie Kürzungen vornehmen können.

Beziehen Sie bei Ihren Übungen die Erklärungen von Folien und Abbildungen mit ein.

Haben Sie das Gefühl, den Referatstext gut formulieren zu können, so nehmen Sie Ihr Referat auf Tonband auf. So können Sie überprüfen, ob Sie laut genug sprechen und klare Formulierungen verwenden. Auch können Sie testen, wie gut Ihre Betonungen sind.

Ein weiterer Schritt ist, sich mit einer Videokamera zu filmen. So können Sie Ihre Haltung, Gestik und Mimik überprüfen und gegebenenfalls verbessern. Wenn Sie nicht die Möglichkeit haben, sich mit der Videokamera zu filmen, dann können Sie auch ersatzweise Ihren Vortrag vor dem Spiegel üben.

Der nächste Schritt besteht darin, das Referat vor einem Freund, mehreren Freunden oder Familienmitgliedern zu halten. Lassen Sie Ihren Zuhörern spielerische Freiräume. Gestatten Sie Ihren Freunden, ein unruhiges Publikum zu spielen und Störungen während des Vortrages einzubauen. Geben Sie ihnen die Möglichkeit, Fragen zum Thema zu stellen. Dies ist eine sehr gute Gelegenheit, sich auf den Ernstfall vorzubereiten.

2

Übung 12: Lassen Sie sich als Referent von Ihren Zuhörern anhand der folgenden Liste beurteilen.

	ja	nein
Das Thema wird zu Beginn vorgestellt.	☐	☐
Es wird eine Gliederung des Vortrages präsentiert.	☐	☐
Die Gliederung ist klar und logisch.	☐	☐
Der Referent hält sich während des Referates an die Gliederung.	☐	☐
Der Vortrag ist verständlich.	☐	☐
Fachbegriffe werden erklärt.	☐	☐
Das Referat wird frei vorgetragen.	☐	☐
Der Referent spricht laut genug.	☐	☐
Die Sprechweise ist flüssig.	☐	☐

	ja	nein
Der Referent spricht langsam und deutlich.	☐	☐
Zitate sind eindeutig gekennzeichnet.	☐	☐
Wissenschaftliche Fakten und die eigene Meinung werden klar voneinander abgetrennt.	☐	☐
Der Blickkontakt zu den Zuhörern wird hergestellt und aufrecht erhalten.	☐	☐
Mimik und Gestik sind angemessen.	☐	☐
Die Redezeit wird eingehalten.	☐	☐
Auf Fragen kann der Referent sicher reagieren.	☐	☐
Konnte ich als Zuhörer durch das Referat etwas lernen?	☐	☐

3 DER VORTRAG

Wenn Sie die vorangegangenen Kapitel in diesem Buch gut durchgearbeitet haben, dann sind Sie gründlich auf Ihr Referat vorbereitet. Dieses Kapitel widmet sich hauptsächlich dem Tag des Vortrages. Es wird darauf eingegangen, worauf Sie beim Sprechen und im Hinblick auf Ihre Körpersprache achten sollten. Des Weiteren wird ausführlich der Umgang mit Lampenfieber behandelt. Dieses Kapitel ist besonders für diejenigen interessant, die sehr starke Ängste davor haben, vor mehreren Menschen zu sprechen. Im Anschluss daran wird auf den Umgang mit Anschauungsmaterialien eingegangen und darauf, wie mit auftretenden Zwischenfragen umzugehen ist. Abgeschlossen wird dieses Kapitel mit Hinweisen, die Ihnen das Anregen und Leiten einer Abschlussdiskussion erleichtern sollen.

3.1 FREIES SPRECHEN

Als Referent haben Sie sich bis zu dem Tag, an dem das Referat gehalten wird, intensiv mit Ihrem Thema auseinandergesetzt. Das Referat ist gut ausgearbeitet und der Vortrag wurde durch das Probesprechen vor der Familie oder Freunden geübt. Sie können also gewiss sein, den Stoff gut zu beherrschen. Diese Sicherheit sollten Sie den Zuhörern von Beginn an vermitteln. Gelassenen Schrittes begeben Sie sich nach vorne an Ihren Platz und ordnen ohne Überstürzung Ihre Materialien. Warten Sie, bis Ruhe im Raum eingekehrt und

die Aufmerksamkeit aller Mitschüler auf Sie – den Redner – gerichtet ist. Erst dann beginnen Sie mit Ihrem Vortrag. Stellen Sie zunächst den Zuhörern die Gliederung des Referates vor, sodass diese einen Leitfaden haben und wissen, was sie in den nächsten Minuten erwartet. Es sollte an dieser Stelle auch festgelegt werden, wann Zwischenfragen gestellt werden dürfen. Es bietet sich an, diese nach den jeweiligen Kapiteln oder ganz am Ende des Referates stellen zu lassen.
Wie im Vorfeld behandelt, wird während des Vortrages nicht das fertig ausgearbeitete Manuskript verwendet, sondern Karten mit Stichworten. Dadurch wird gewährleistet, dass der Vortrag nicht vorgelesen, sondern vorgetragen wird.

Das Sprechen

Versuchen Sie, Ihren Vortrag schwungvoll zu beginnen. Dadurch erlangen Sie die Aufmerksamkeit Ihrer Zuhörer. Achten Sie darauf, laut und deutlich zu sprechen, sodass auch diejenigen in der letzten Reihe dem Referat folgen können. Ebenso sollten Sie keine langen Sätze verwenden, also nicht mehr als 12 bis 15 Wörter pro Satz. Fachwörter sollten Sie auf ein Mindestmaß reduzieren. Es sollte immer bedacht werden, dass die Mitschüler sich zum ersten Mal mit diesem Thema befassen. Aus diesem Grund müssen Sie auch langsam sprechen und ausreichend Pausen zwischen den Sätzen machen, damit die Zuhörer das Gesagte überdenken und verarbeiten können. Ansonsten werden die Mitschüler von den Informationen überwältigt und können Ihnen und Ihrem Gang der Argumentation nicht mehr folgen. Dies erschwert eine anschließende Diskussion über den präsentierten Stoff.

Das Sprechen wird Ihnen leichter fallen, wenn Sie sich Ihren Text bildlich vorstellen. Ob das möglich ist, hängt natürlich auch immer vom Thema ab. Es fällt Ihnen jedoch leichter, wenn Sie bildhafte Ausdrücke verwenden.
Nach den einzelnen Kapiteln sollten Sie diese jeweils kurz zusammenfassen.

Versprecher während des Vortrages passieren jedem und sind kein Unglück. Versprechen Sie sich, so wiederholen Sie das Wort und sagen im Anschluss leise „Entschuldigung" oder „Verzeihung". Ist der Sinn eines Satzes durch einen Versprecher in Unordnung geraten, so beginnen Sie noch einmal mit diesem Satz. Dies zeigt den Zuhörern, dass Sie auch solche Situationen souverän meistern können.

Komplizierte Sachverhalte sollten zweimal mit unterschiedlichen Worten erklärt werden. Auch ist es sinnvoll, das Gesagte durch Abbildungen oder Zeichnungen auf einer Folie oder an der Tafel zu veranschaulichen.

Die Stimme
Damit der Vortrag für die Zuhörer interessant ist, sollten Sie versuchen, Ihre Stimme zu variieren und nicht monoton zu sprechen. Sprechen Sie also mal schneller oder langsamer, heller oder dunkler, lauter oder leiser. Nur die wenigsten sind

die geborenen Redner, die souverän mit ihrer Stimme spielen können. Da viele in dieser Hinsicht ungeübt sind, empfiehlt sich im Vorfeld folgende Übung, um sich mit der eigenen Stimme vertraut zu machen:

Übung 13: Um einen Eindruck und ein Gefühl für Ihre Stimme zu bekommen, sprechen Sie Ihren Referatstext auf Tonband. Greifen Sie sich einige prägnante Stellen des Referates heraus und experimentieren Sie mit ihnen. Sprechen Sie bewusst mal lauter, leiser, heller, dunkler, schneller oder langsamer. Welche Wirkung hat dadurch das Gesagte? Welche Variationen passen gut zu den entsprechenden Textstellen?

Wenn Sie bemerken, dass Ihre Stimme während des Vortrages zittert und leise ist, dann sprechen Sie langsamer und atmen Sie tief und langsam ein.
Um längere Zeit vor einem Publikum zu sprechen, braucht man so etwas wie eine stimmliche Kondition. Genauso wie die körperliche Kondition ist diese trainierbar. Hierdurch bewirken Sie, dass Ihre Stimme bei Aufregung nicht mehr so stark zittert.

Eine gute Übung ist das regelmäßige Singen. Sie müssen dies nicht vor einem Publikum machen, es reicht aus, wenn Sie unter der Dusche oder in Ihrem Zimmer singen. Sie haben bestimmt einige Lieblingslieder, deren Texte Sie gut beherrschen. Durch regelmäßiges Singen löst sich Ihre Atemmuskulatur und die Stimme wird gefestigt.

Eine weitere Möglichkeit ist, aus der Zeitung oder aus einem Buch laut vorzulesen. Sie müssen hierfür nicht so viel Zeit einplanen, einige Minuten täglich reichen schon aus, um die Stimme zu trainieren. Hierbei üben Sie, sich zu konzentrieren und gleichzeitig zu sprechen.

Beim Reden sollten Sie jedoch darauf achten, Ihren eigenen Stil zu bewahren, um einen glaubwürdigen Vortrag zu halten. Bei eher ruhigen und zurückhaltenden Menschen können einstudierte Witze oder eine sehr sprühende Vortragsweise eher unpassend wirken. Bei sehr temperamentvollen Personen kann ein sehr ruhiger und gestenreduzierter Vortrag aufgesetzt erscheinen.
Es ist hilfreich, wenn Sie die hier im Buch vorgestellten Tipps und Anregungen beherzigen. Vergessen Sie jedoch dabei nicht, Ihre persönliche Ausdrucksweise zu bewahren. Dadurch werden Sie sich sicherer fühlen und für Ihre Zuhörer glaubhafter sein.

Blickkontakt
Um den Kontakt zu Ihren Zuhörern zu halten, sollten Sie diese während des Vortrages anschauen. Also immer nur für einen kurzen Moment einen Blick auf den Stichpunktzettel werfen und sich dann wieder auf die Zuhörer konzentrieren. Wie bereits geschildert, erwecken Sie durch den Blickkontakt zum einen die Aufmerksamkeit der Zuhörenden, und zum anderen ist es auch eine Möglichkeit, Verständnisprobleme frühzeitig an der Mimik des Publikums zu erkennen und darauf einzugehen. Dies kann z. B. durch die Frage, ob man den Sachverhalt klar

genug dargestellt habe, oder auch durch eine wiederholte Darstellung des eben Geschilderten mit anderen Worten erfolgen.

▶ TIPP

Hinsichtlich des Blickkontaktes empfiehlt es sich, das Referat im Stehen vorzutragen, damit die gesamte Zuhörerschaft gut zu überblicken ist. Auch ist es für die Zuhörer in den hinteren Reihen angenehmer, zu der Stimme auch ein Gesicht zu sehen.

Umgang mit Störungen

Treten Störungen während des Referates auf, so brauchen Sie sich dadurch nicht aus dem Konzept bringen zu lassen. Kommen Mitschüler zu spät zum Unterricht oder fallen einem Zuhörer seine Arbeitsmaterialen herunter, so warten Sie, bis sich die Situation beruhigt hat und fahren dann mit Ihrem Referat fort. Bemerken Sie, dass sich Mitschüler miteinander unterhalten, so können Sie versuchen, mittels Blickkontakt die Aufmerksamkeit der Mitschüler wiederzuerlangen. Auch bietet sich das direkte Nachfragen an, ob möglicherweise Unklarheiten zu den eben behandelten Sachverhalten bestehen.

Beenden des Referates

Wenn man am Ende des Referates angelangt ist, wirkt eine Einleitung wie „Zum Ende meines Referates möchte ich nun..." professioneller als ein „So, dass war's jetzt" oder „Ich bin jetzt fertig.". Dies ist der geeignete Zeitpunkt, eine Zusammenfassung des gesamten Referates zu geben. Zentrale Ideen und

Aspekte des Vortrages stellen Sie am besten zur Veranschaulichung noch einmal auf einer Folie oder an der Tafel dar.

CHECKLISTE: FREIES SPRECHEN

- langsam, laut und deutlich sprechen
- kurze Sätze
- Pausen beachten
- Variation der Stimme
- Mimik und Gestik einsetzen
- Körperhaltung beachten
- Blickkontakt mit den Zuhörern
- Gliederung des Referates zu Beginn vorstellen
- zur Veranschaulichung Abbildungen bzw. Zeichnungen auf Folie oder Tafel
- Zusammenfassung der jeweiligen Kapitel
- das Ende des Referates durch einen entsprechenden Satz einleiten, wie zum Beispiel „Abschließend möchte ich nun …" oder „Zum Ende des Referates möchte ich nun …"
- Zusammenfassung des gesamten Referates

3.2 KÖRPERSPRACHE

Jeder Mensch wirkt auf seine Mitmenschen nicht nur durch das, was er sagt, sondern auch durch seine Körperhaltung und sein Verhalten. Die Umwelt reagiert darauf entweder positiv, negativ oder gleichgültig.

Da Sie als Referent vor einem Publikum stehen, sollten Sie darauf achten, dass Ihr Körper positive Signale an die Zuhörer sendet. Daran sollten Sie bereits denken, wenn Sie nach vorne gehen, um mit Ihrem Vortrag zu beginnen. Hier wirkt sich ein sicherer und offener Gang schon positiv aus.

Dazu versuchen Sie, den Bereich zwischen Kopf und Becken aufrecht zu halten. Das Becken behält den Schwerpunkt. Das Bein wird ab dem Knie in der gesamten Länge nach vorne gestreckt, und mit der Streckung des Beines wird der Fuß auf dem Boden aufgesetzt. Die Hände bewegen sich locker neben dem Körper. Die Handflächen sind parallel zur Gangrichtung. Der Blick ist nach vorne gerichtet.

Wenn Sie vor Ihren Zuhörern stehen, dann werfen Sie zuerst einen Blick in die Runde. Ihre Schultern hängen locker herunter. Der Rücken ist gerade und der Kopf aufrecht. Bemühen Sie sich um einen festen Stand. Hierfür sind die Knie leicht durchgedrückt, und die Füße stehen in einem Winkel von 45°, zwei Handbreit voneinander entfernt.

Sie sollten bedenken, dass Sie mit einem gekrümmten Rücken und herunterhängenden Schultern nicht unbedingt einen kompetenten und motivierten Eindruck auf Ihre Mitschüler machen. Eine gerade, aufrechte Haltung vermittelt den Zuhörern Selbstvertrauen. Des Weiteren wird es Ihnen mithilfe dieser Körperhaltung leichter fallen gut durchzuatmen. Dadurch wird auch das Reden leichter.

Probieren Sie zunächst zu Hause vor dem Spiegel eine möglichst lockere, unverkrampfte und natürliche Redehaltung.

Vermeiden Sie es, hinter dem Rednerpult zu wanken, von einem Fuß auf den anderen zu treten, sich auf das Pult zu stützen, sich krampfhaft am Mikrofon oder am Overheadprojektor festzuhalten. Ihnen wird in diesen Fällen schnell sprachliche und inhaltliche Unsicherheit unterstellt.

Versuchen Sie auch nicht, eine bestimmte Haltung einzustudieren und sie krampfhaft während der ganzen Rede durchzuhalten! Dies kann schnell künstlich wirken. Ihr Publikum wird sich durch diese Körperhaltung wenig angesprochen fühlen und Sie vielleicht sogar mit Nichtbeachtung strafen. Überzeugen können Sie nur, wenn Sie mit Ihrer ganzen Persönlichkeit hinter dem gesprochenen Wort stehen.

▸TIPP

Achten Sie während Ihres Vortrages auf Ihre Körperhaltung, denn auch Ihr Körper sendet positive oder negative Signale an Ihre Zuhörer. Eine aufrechte Körperhaltung – gerader Rücken, locker herunter hängende Schulter, ein erhobener Kopf sowie ein wacher, aufmerksamer Blick sprechen Ihr Publikum an. Daran sollten Sie bereits dann denken, wenn Sie zum Rednerpult gehen: Ein sicherer und offener Gang wirkt sich bereits positiv aus.

Übung 14: Stellen Sie sich zu Hause vor einen großen Spiegel. Nehmen Sie zuerst die Haltung ein, die Ihnen am bequemsten erscheint. Beobachten Sie genau die Stellung der einzelnen Körperteile. Gehen Sie dabei folgende Liste durch und kreuzen Sie alles Entsprechende an.

	gerade	**entspannt**	**gekrümmt**	**ver-krampft**	**ein-gezogen**	**hoch-gezogen**
Kopf						
Hals						
Rücken						
Brustkorb						
Schultern						
Arme						
Hände						
Beine						
Füße						

Übung 15: Proben Sie den sicheren Stand vor dem Spiegel. Nehmen Sie die Haltung ein, die im Vorfeld beschrieben worden ist. Machen Sie diese Übung immer wieder, damit Sie beim Halten des Vortrages automatisch den sicheren Stand einnehmen können.

Auch wenn Sie zu Beginn sehr aufgeregt sind, sollten sie dennoch versuchen, Ihre Zuhörer anzulächeln. Probieren Sie, Ihre Gesichtsmuskeln zu lösen.

TIPP

Zur Erlangung einer sicheren und aufrechten Körperhaltung eignet sich auch die Alexander-Technik, wie sie auf Seite 144 beschrieben ist, sehr gut.

Achten Sie während des Vortrages darauf, die Schultern nicht hochzuziehen und die Arme nicht zu verschränken. Diese Körperhaltung signalisiert Ihren Zuhörern Ablehnung und Unsicherheit.

Die Hände gehören während des Vortrages nicht in die Hosentaschen, sondern die Arme hängen locker neben dem Körper, und die Hände sind geöffnet.

Während des Vortrages sollten Sie sich bemühen, das Gesagte mit Mimik und Gestik zu unterstreichen. Setzen Sie Ihre Arme ein. Machen Sie weite, jedoch nicht zu ausladende Bewegungen, um Ihre Worte zu verstärken. Benutzen Sie abwechselnd den linken und den rechten Arm und setzen Sie auch ab und zu beide Arme gleichzeitig ein. Halten Sie Ihre Arme und Hände im so genannten sympathischen Bereich zwischen Bauchnabel und Kehlkopf. Machen Sie Armbewegungen unterhalb dieses Bereiches, so wirken diese Gesten auf Ihre Zuhörer eher negativ. Sind sie oberhalb des Bereiches, so wirken sie übertrieben. Auf gar keinen Fall sollten Sie es mit Ihrer Gestik übertreiben, denn dadurch könnte Ihr Vortrag hektisch wirken. Sie selbst und auch Ihre Zuhörer würden durch übertriebenes Gestikulieren von dem Vortrag abgelenkt.

Versuchen Sie Bewegungen, wie mit den Haaren spielen, mit einem Kugelschreiber hantieren oder mit einem Schlüssel in der Hosentasche klimpern zu vermeiden. Auch vermindert die Hand vor dem Mund oder das ständige Wippen mit dem Fuß die Wirkung Ihres Vortrages. Ebenso sollten Sie sich bemühen, nicht den erhobenen Zeigefinger oder die Fäuste zu zeigen. Beim Reden dürfen Sie durchaus Ihren Standort wechseln, jedoch ist ein nervöses Hin- und Hergehen zu vermeiden.

Übung 16: Sprechen Sie folgenden Text am besten vor einem Spiegel und setzen Sie Gestik und Mimik ein. Beobachten Sie sich selbst, wie Sie wirken. Stimmen Körpersprache und Worte überein? Sind Sie mit Ihren Gesten und der Mimik zufrieden? Wiederholen Sie den Text und versuchen Sie, Ihre Körpersprache überzeugender einzusetzen.

3

Der aufgeblasene Frosch

(Aesop)

Ein Frosch hockte mitten in einer Schar kleiner Frösche im Sumpf und sah zu, wie sie im moorigen Wasser umherplanschten und spielten. Da entdeckte er am Rande des Sumpfes einen Ochsen, der gemächlich die saftigen Sumpfpflanzen abfraß. Der Ochse war groß und fett und stark.
„Warum bin ich nicht so groß wie er?" fragte sich der Frosch, und es kränkte ihn, dass er kleiner war. „Aber ich kann mich aufblasen" sagte er, „und dann werde ich gewiss so groß sein wie er."
Er blies sich auf, so viel er konnte, und rief den kleinen Fröschen zu: „Bin ich nun so groß wie der Ochse?" – „Nein", quakten die kleinen Frösche. Der Frosch blies sich noch stärker auf und fragte wieder: „Bin ich jetzt so groß?" – „Noch immer nicht", antworteten die kleinen Frösche.
Nun dachte der Frosch, dass nicht mehr viel fehlen könne, und blähte sich mit letzter Kraft noch mehr auf – und noch mehr auf – und da zerplatzte er!

Die Gestik sollte der Aussage angemessen sein. Auch sollten Sie beim Einsatz von Gestik authentisch, d. h. echt, sein. Aufmerksame Zuhörer werden den Unterschied zwischen einer authentischen und einer aufgesetzten Geste erkennen können. Die authentische Geste geht dem Wort immer voraus. Die unechte Geste hingegen folgt dem gesprochenen Wort und wirkt meist eingeübt und künstlich.

Das Problem an der Körpersprache ist jedoch, dass diese nicht bewusst steuerbar ist. Voraussetzung für eine offene und positive Körpersprache ist ein sicherer und entspannter Zustand. Dies kann bei einem Referat schwierig sein. Jedoch eignen sich eine gute und gründliche Vorbereitung und auch Entspannungs- und Atemübungen, wie sie im nachfolgenden Kapitel beschrieben werden, diesen Zustand zu erreichen.
Die in diesem Kapitel geschilderte Darstellung soll Sie auf Ihre Körpersprache aufmerksam machen und Sie daran gewöhnen, Gestik einzusetzen. Gerade in unseren Breitengraden ist die Gestik eher verhalten und wird nur geringfügig eingesetzt. Dies ist jedoch für einen Vortrag eher ungünstig.

Ein weiterer wichtiger Punkt ist der Blickkontakt zum Publikum. Schauen Sie Ihre Zuhörer immer wieder an. Diese fühlen sich dadurch angesprochen und schenken Ihnen ihre Aufmerksamkeit. Schauen Sie dabei zum Beispiel eine bestimmte Person, zum Beispiel einen Freund an, vielleicht kann er Sie unterstützen, indem er Ihnen aufmunternd zunickt und Ihnen so ein Gefühl von Sicherheit vermittelt.
Suchen Sie nur wenig Blickkontakt zu Ihrem Publikum, so entsteht der Eindruck, dass es Ihnen nicht wichtig ist, ob Ihnen Ihre Mitschüler zuhören oder das von Ihnen Geschilderte verstehen.
Vermeiden Sie jedoch, Personen anzustarren, da dies äußerst unangenehm für diese sein kann. Auch ein unruhiger, umherschweifender Blick kann von den Zuhörern als äußerst störend empfunden werden.

3

Zusammenfassend sollen im Folgenden noch einmal die wichtigsten Zeichen von Unsicherheit und Sicherheit dargestellt werden:

Unsicherheit	**Sicherheit**
gebeugte Körperhaltung	aufrechte Haltung
schleppender Gang	lockerer Gang
kurze, hektische Atmung	ruhige und gleichmäßige Atmung
geringe Gestik	Wörter werden mit der Gestik untermalt
unbewegliche Arme	Arme bewegen sich locker neben dem Körper
Hände sind verkrampft und zu Fäusten geballt	Hände sind locker und offen
starre Mimik	lockere, freundliche Mimik
kaum Blickkontakt	ausreichender Blickkontakt
monotones Sprechen	Variation der Stimme
vollständiges Ablesen des Textes	freie Rede unter Zuhilfenahme von Stichwortzetteln

Aber nicht nur Ihr eigener Körper sendet Signale über Ihr Befinden. Auch an der Körperhaltung und der Mimik Ihrer Zuhörer können Sie erkennen, wie diese Ihren Vortrag aufnehmen. Runzeln diese die Stirn oder schauen Sie mit großen Augen fragend an, so kann dies ein Hinweis sein, dass Unklarheiten bestehen. Fragen Sie in diesem Fall nach und beseitigen Sie die Verständnisprobleme.

Sitzen die Zuhörer mit verschränkten Armen oder abgewendetem Blick vor Ihnen, so sollten Sie überlegen, woran das liegen könnte. Sind es nur ein oder zwei Personen, so brauchen Sie sich keine Gedanken zu machen. Nicht alle interessieren sich für das jeweilige Thema. Sind es jedoch mehrere Personen, so überprüfen Sie Ihre eigene Körperhaltung und Mimik. Sehen Sie vielleicht selbst missmutig aus, weil Sie eigentlich nicht an Ihrem Referat interessiert sind?

Möglicherweise ist Ihr Vortrag auch etwas zu trocken, d. h. es fehlen Anschauungsmaterialien, um das Thema plastischer zu machen. Überlegen Sie, welche Möglichkeiten Ihnen zur Verfügung stehen, um dies zu ändern. Vielleicht fällt Ihnen kurzfristig ein Tafelbild ein, das Sie einsetzen können.

TIPP

Beschäftigen Sie sich gedanklich mit Ihren Zuhörern. Ihr Referat kann nur dann erfolgreich sein, wenn es auf die Zuhörerschaft abgestimmt ist. Ziel ist stets, den Zuhörern einen interessanten Vortrag zu präsentieren. Ihre Zuhörer möchten nicht gelangweilt werden. Wichtigste Prämisse vor Beginn der Vorbereitungen ist das Sammeln möglichst vieler Informationen über das Publikum. Analysieren Sie also: Wer hört mir zu? Was wünschen sich meine Zuhörer?

CHECKLISTE: KÖRPERSPRACHE

- sicherer Gang
- Blickkontakt mit den Zuhörern
- stabiler Stand
- Füße in 45°-Stellung
- Lächeln
- Unterstreichen der Worte durch Gestik und Mimik
- ungünstige Gesten, wie erhobener Zeigefinger, vermeiden
- auf die Körpersprache des Publikums achten

3.3 UMGANG MIT LAMPENFIEBER

Schon der Gedanke, einen Vortrag halten zu müssen, löst bei vielen Menschen ein Gefühl des Unwohlseins oder auch Angst aus. Meistens ist es nicht die Situation, frei reden zu müssen, die soviel Angst macht, sondern die Befürchtung, sich vor seinen Zuhörern zu blamieren bzw., dass die eigene Unsicherheit dem Publikum auffällt. Es ist die Angst, von anderen schlecht bewertet zu werden.

Wenn Sie vor einem Publikum reden müssen, so verspüren Sie möglicherweise Veränderungen in Ihrem Körper. Solche Situationen sind zumeist auch von eher negativen Gedanken begleitet. Die Angst, die in solchen Situationen auftritt, wird als Lampenfieber bezeichnet. Wie in Abbildung 3.1 zu erkennen ist, kann das Lampenfieber sowohl durch körperliche Symptome als auch durch Gedanken und Gefühle zum Ausdruck kommen.

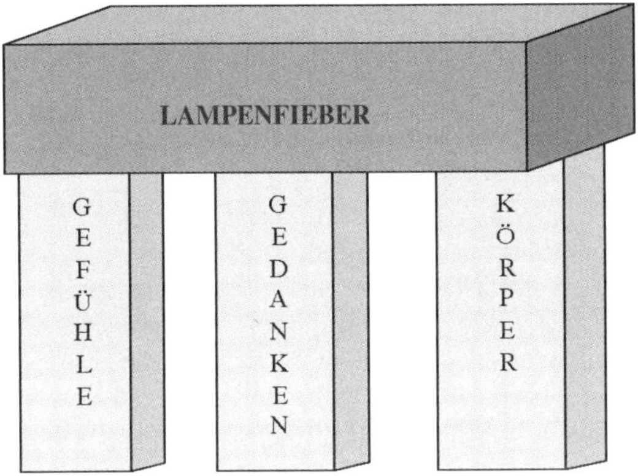

Abbildung 3.1

Als körperliche Symptome zeigen sich beispielsweise:

- zitternde Knie
- Schweißausbrüche
- Übelkeit
- beschleunigter Puls
- beschleunigte Atmung
- schwitzende Hände
- Rötungen der Haut
- Verkrampfung der Muskeln
- schwache und zittrige Stimme

Nicht jeder verspürt in derartigen Situationen alle Symptome, die hier aufgelistet sind. Von Mensch zu Mensch treten die Symptome in verschiedenartigsten Kombinationen auf. Einige der aufgezählten Symptome kommen Ihnen vielleicht auch bekannt vor.

Die körperliche Angstreaktion stammt noch aus frühen Zeiten der Menschheitsgeschichte, in denen unsere Vorfahren ihr Leben durch Kampf bzw. Flucht sichern mussten. Ein beschleunigter Herzschlag, angespannte Muskeln und Schweißausbrüche waren unter anderem die Merkmale, die einer Flucht voraus gingen. Auch Durchfall und Übelkeit sind archaische Reflexe, d. h. Reflexe, die seit frühester Zeit bestehen. Bei einer drohenden Gefahr leerten unsere Vorfahren den Magen, um durch eine leichtere Flucht ihr Leben zu retten.
Ein Referat ist zwar kein lebensbedrohlicher Moment, jedoch kann es für einen Referenten eine unangenehme Situation sein, in der er sich unsicher fühlt und aus der er gerne fliehen möchte.
Neben den körperlichen Symptomen treten in einer Referatssituation auch emotionale Reaktionen auf.
Dies kann unter anderem das Gefühl sein, der Situation nicht mehr gewachsen zu sein, aber auch Gefühle des Kontrollverlustes, der Scham, Panik und Hilflosigkeit.

Die Gefühle werden oftmals begleitet durch Gedanken, die um eine Niederlage bzw. eine Katastrophe kreisen. Weiterhin kann es passieren, dass man sich nicht mehr konzentrieren kann, wichtige Sachen vergisst oder auch ein totaler Blackout eintritt, d. h. dass vollständig vergessen wird, was man eigentlich sagen wollte.

Ein gewisses Maß an Lampenfieber ist wichtig, um den Körper mit Energie und Spannung zu versorgen. Es steigert die Konzentration und gibt Motivation. Würde man überhaupt kein Lampenfieber verspüren, so könnte man keine Energie und Intensität auf seine Zuhörer ausstrahlen und könnte diese nicht für seinen Vortrag begeistern. Lampenfieber kann jedoch problematisch sein, wenn die Symptome stark ausgeprägt sind. Dann ist es eher hinderlich beim Halten eines Vortrages und schränkt die eigene Leistungsfähigkeit stark ein.

In Abbildung 3.1 wirkt es auf Sie vielleicht so, als ob das Lampenfieber auf einem festen Fundament aus Gedanken, Gefühlen und körperlichen Reaktionen steht. Sie selbst sind jedoch in der Lage, an diesem Fundament zu rütteln und das Ganze zum Einsturz zu bringen. Durch bestimmte Strategien und Techniken können Sie Ihr Lampenfieber mindern.

TIPP

Machen Sie sich bewusst, dass Lampenfieber eine natürliche Körperreaktion ist. Die meisten Menschen sind aufgeregt, wenn Sie einen Vortrag vor größerem Publikum halten müssen. Bleiben Sie ruhig und denken Sie daran, dass Ihr Lampenfieber auch von Vorteil sein kann: Es ist ein Zeichen für Ihre Motivation, einen besonders guten Vortrag zu halten.

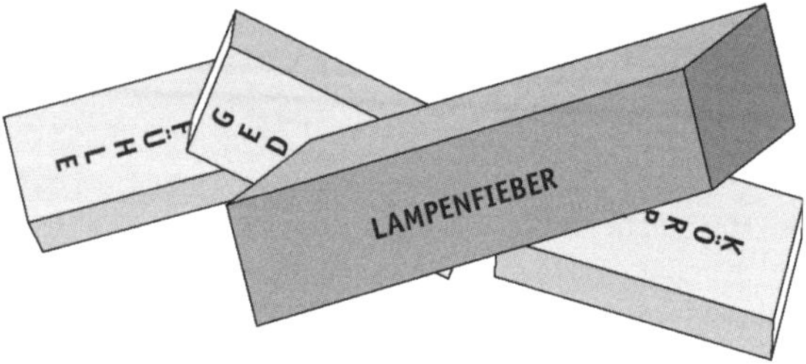

Abbildung 3.2

Strategien zur Minderung des Lampenfiebers

Zu Anfang sollten Sie sich bewusst machen, dass es nicht darum geht, das Lampenfieber vollständig auszuschalten. Wie im Vorfeld erwähnt ist das Lampenfieber Ihre Energiequelle, die es Ihnen ermöglicht, einen interessanten Vortrag zu halten. Mit den im Folgenden beschriebenen Strategien soll es Ihnen erleichtert werden, das Lampenfieber so zu steuern, dass Sie es optimal für sich nutzen können.

Der erste Schritt, mit seinem Lampenfieber besser umzugehen, ist Akzeptanz. Versuchen Sie nicht, die Symptome zu ignorieren. Das Lampenfieber wird dadurch nicht abgeschwächt, sondern eher verstärkt. Wenn Sie sich darauf konzentrieren, die Symptome auszublenden, können Sie Ihrer eigentlichen Aufgabe, dem Referat, nicht genügend Aufmerksamkeit widmen. Dies kann zu einem Black-out und zum vollständigen Kontrollverlust führen.

Es gibt ein Gesetz, das so genannte Yerkes-Dodson-Gesetz, das besagt, dass das Leistungsniveau bei zunehmender Erregung ansteigt, bis ein optimaler Punkt erreicht ist. Wird dieser Punkt jedoch überschritten, weil Sie so nervös sind, dass Sie sich überhaupt nicht auf Ihren Vortrag konzentrieren können, kann es zu einer erheblichen Verschlechterung der Leistung kommen. Es geht für Sie nun darum, Ihren optimalen Erregungszustand für das Halten eines Referates herauszufinden. Dazu ist es notwendig, dass Sie sich selber beobachten und versuchen, Ihre Aufregung auf ein für Sie optimales Niveau zu senken.

Es gibt unterschiedliche Möglichkeiten, um das Lampenfieber zu mindern:

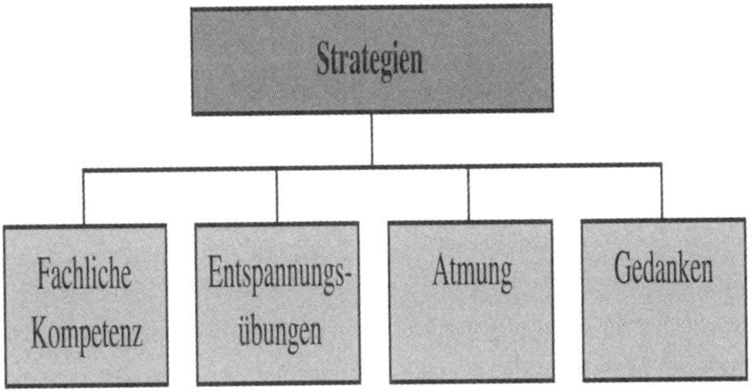

Abbildung 3.3

Fachliche Kompetenz

Die Angst steigert sich, je unsicherer Sie sich mit Ihrem Thema fühlen. Dieser Unsicherheit können Sie jedoch durch eine gründliche Vorbereitung entgegenwirken. Wenn Sie Ihr Referat wie in Kapitel 3 beschrieben ausgearbeitet haben, so werden Sie sich sicher fühlen und den Stoff beherrschen. Es ist wichtig, dass Sie Ihre Gliederung gut kennen, den Referatstext vorher gründlich ausgearbeitet und den Vortrag mehrere Male geübt haben. Dadurch haben Sie die Informationen gut gelernt und wissen, wie Sie diese sprachlich ausdrücken müssen. Eine weitere Unterstützung für Ihren Vortrag sind Ihre Stichwortzettel. Machen Sie sich bewusst, dass Sie Ihren Stoff beherrschen und keine Wissenslücken zu befürchten haben. Haben Sie keine Angst vor möglichen Zwischenfragen. Keiner erwartet von Ihnen, dass Sie alles wissen. Hilfestellungen zum Umgang mit Zwischenfragen können Sie Kapitel 3.5 entnehmen. Es ist wichtig, dass Sie überzeugt sind, dass Sie mehr über das Thema wissen als Ihre Mitschüler. Mit dieser Sicherheit können Sie gelassener an das Referat herangehen.

> **TIPP**
>
> **Bereiten Sie sich besonders gründlich auf Ihre ersten, einleitenden Worte vor. Diese dienen dazu, Ihre Zuhörer zu motivieren und verschaffen Ihnen gleichzeitig eine gute Ausgangsbasis für einen sicheren Vortrag.**

Eine große Angst vieler Referenten ist es, während des Vortrages den roten Faden zu verlieren. Dies ist jedoch keine Katastrophe. Es gibt mehrere Möglichkeiten, den Vortrag wieder aufzugreifen. Wenn Ihnen zu einem Stichwort nicht mehr alles einfällt, so gehen Sie einfach zum nächsten Stichwort über. Sie können sich an dieser Stelle auch bei Ihren Zuhörern erkundigen, ob es Verständnisfragen gibt. Zur Überbrückung dieser Situation besteht ebenso die Möglichkeit, den letzten Satz noch einmal zu wiederholen oder den letzten Abschnitt zusammenzufassen. Sie können jedoch auch offen zugeben, dass Sie den Faden verloren haben, und sich somit ein paar Sekunden Zeit zum Sammeln nehmen. Ihre Zuhörer werden es Ihnen nicht übel nehmen, da die meisten schon einmal in einer derartigen Situation waren.

Sollte Ihnen mitten in einem Satz das richtige Wort nicht einfallen, so brechen Sie diesen ab und fangen den Satz noch einmal neu an. Dazu sind Formulierungen wie „anders ausgedrückt“, „besser formuliert“ oder „Lassen Sie/lasst mich es noch besser formulieren.“ hilfreich.
Wenn Sie einen Satz nicht zu Ende bringen können, so brechen Sie diesen ab und fangen noch einmal neu an. Versuchen Sie, kurze Sätze zu formulieren.

Entspannungsübungen
In Stresssituationen kommt es häufig vor, dass man sehr angespannt und verkrampft ist. Dies hat einen schlechten Einfluss auf die Körperhaltung, die Stimme und die Atmung. Im Folgenden werden unterschiedliche Übungen beschrieben, die kurz vor dem Halten des Referates gemacht werden können.

Mithilfe dieser Übungen sollte es Ihnen besser gelingen mit der Stresssituation, dem bevorstehenden Referat, umzugehen. Zwingen Sie sich ein wenig dazu dem Druck standzuhalten, bleiben Sie ruhig und finden Sie Ihr inneres Gleichgewicht, indem Sie sich ganz auf sich selbst und auf Ihren Vortrag konzentrieren.

Ein deutliches Zeichen für Ihre innere Anspannung sind hochgezogene Schultern, Sorgenfalten auf der Stirn und eine insgesamt geduckte Körperhaltung. Eine derart angespannte Körperhaltung führt zu schwerwiegenden Verspannungen, die nicht nur eine Verspannung der Muskulatur, sondern auch eine Beeinträchtigung der Denkleistung zur Folge hat. Befreien Sie sich schon während Ihrer Vorbereitung von derartigen Entspannungshemmungen. Richten Sie sich auf, lockern Sie Ihre Schultern und entspannen Sie Ihre Gesichtsmuskulatur.

Es wird aber auch auf Übungen eingegangen, die langfristig zu üben sind und Einfluss auf den alltäglichen Spannungs- bzw. Entspannungszustand nehmen. Je verspannter ein Körper ist, desto anfälliger reagiert er auf Stresssituationen. Dadurch treten die Angstsymptome besonders stark auf. Erreicht man im Vorfeld einen hohen Grad an Entspanntheit, so wirkt sich Stress nicht so drastisch aus bzw. das Lampenfieber ist nicht so stark ausgeprägt.

Probieren Sie die im Folgenden beschriebenen Übungen aus. Entscheiden Sie sich für eine dieser Techniken, die Sie dann regelmäßig üben möchten.

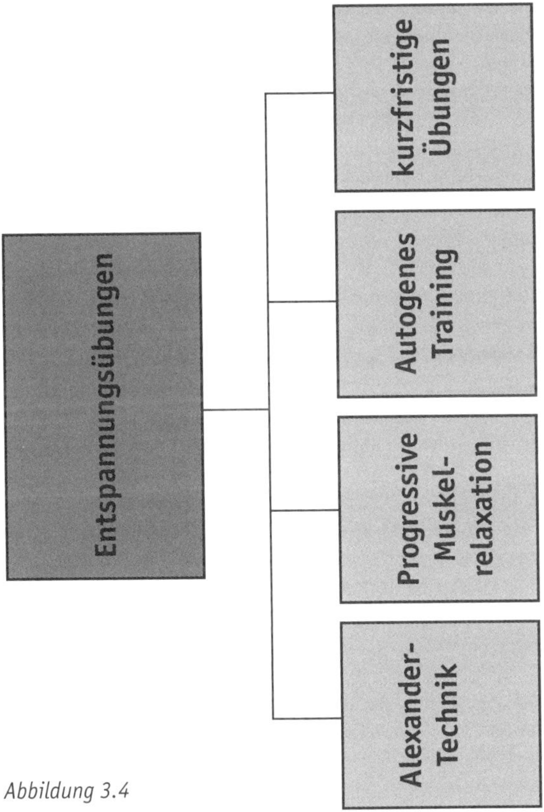

Abbildung 3.4

Die Alexander-Technik

Diese Technik wird von vielen Schauspielern und Künstlern angewendet, die unter starkem Lampenfieber leiden. Die Alexander-Technik wird auch an fast allen Schauspielschulen gelehrt.

Die Technik wurde von Alexander, einem Schauspieler, entwickelt, der unter sehr starkem Lampenfieber litt. Er bemerkte, dass allein der Gedanke an das Rezitieren von Textpassagen ausreichte, um Angst auszulösen. Er stellte fest, dass er die Nackenmuskulatur anspannte, den Kopf zurückzog, eine gekrümmte Körperhaltung einnahm und nur noch schwer atmen konnte. Auf der Grundlage seiner Beobachtungen entwickelte er die im Folgenden beschriebene Technik, die es ihm ermöglichte, sein Lampenfieber zu kontrollieren und auf der Bühne frei zu sprechen.

Übung 17: Legen Sie einige Bücher auf den Boden, sodass sie einen ca. zehn Zentimeter hohen Sockel bilden. Stellen Sie sich in der Entfernung von einer Körperlänge mit dem Rücken zu den Büchern auf. Die Füße stehen schulterbreit, die Arme hängen locker an der Seite herunter, der Blick ist nach vorne gerichtet.

Strecken und dehnen Sie Ihren Körper, atmen Sie frei durch. Spüren Sie, wie Ihre Füße auf dem Boden stehen, wie sie sich der Unterlage anpassen. Fühlen Sie die Entfernung zwischen den Füßen und Ihrem Kopf.

Gehen Sie nun langsam in die Knie und setzen Sie sich so hin, dass Ihre Füße flach auf dem Boden stehen und die Knie angewinkelt sind. Achten Sie darauf, leicht und gleichmäßig zu atmen.

Lassen Sie den Kopf etwas nach vorne fallen und rollen Sie Wirbel für Wirbel auf dem Boden ab, bis Ihr Kopf auf den Büchern aufliegt. Ihre Hände liegen an der Seite oder sind leicht über der Brust gekreuzt. Das Körpergewicht ist vollständig auf dem Boden verlagert.

In dieser Position werden Ihre Wirbel behutsam auseinander gezogen. Lassen Sie Ihre Augen geöffnet und beobachten Sie Ihren Atem. Beachten Sie auch, wie Ihr Körper auf dem Boden aufliegt.

TIPP

Es empfiehlt sich, diese Übung täglich durchzuführen, am besten morgens oder abends.

Nach ungefähr zehn Minuten stehen Sie dann langsam und vorsichtig wieder auf. Rollen Sie sich hierfür über die Seite in den Vier-Füßler-Stand und stehen dann langsam auf. Spüren Sie noch einmal den Kontakt Ihrer Füße zum Boden. Überprüfen Sie, wie sich nun der Abstand der Füße zum Kopf anfühlt. Seien Sie nicht überrascht, wenn Sie das Gefühl haben, dass sich der Abstand im Vergleich zu Beginn der Übung vergrößert hat. Gehen Sie einen Moment in sich und lassen Sie den befreienden Zustand auf sich wirken.

Progressive Muskelrelaxation

Diese Methode wurde von Jacobson entwickelt. Hier werden unterschiedliche Muskelgruppen nacheinander angespannt und wieder entspannt. Durch die Anspannung der Muskeln reagiert der Körper automatisch mit Ermüdung, d. h. mit Entspannung. Durch diese Übung verbessern Sie Ihre Körperwahrnehmung und können frühzeitig Verspannungen erkennen und gezielt darauf einwirken.

TIPP

Sprechen Sie sich einen Anleitungstext für diese Übung auf Kassette. Dadurch können Sie sich voll und ganz auf die Übung konzentrieren und müssen nicht überlegen, was als nächstes gemacht werden muss.

Die folgende Übung führen Sie am besten in einer bequemen Lage im Sitzen oder im Liegen durch. Stellen Sie sicher, dass Sie nicht gestört werden. Dunkeln Sie gegebenenfalls das Zimmer ab. Auch diese Übung sollte täglich durchgeführt werden.

Übung 18: Vorbemerkung: Die Anspannungsphasen sollten etwa 5 Sekunden lang sein, die Entspannungsphasen ca. 10 Sekunden. Achten Sie darauf, dass Sie nach jeder Anspannungsphase eine Entspannungsphase einlegen.

1. Spannen Sie die Muskeln der rechten Hand an, indem Sie eine Faust machen. Halten Sie die Anspannung

für 5 Sekunden. Lösen Sie dann die Spannung. Warten Sie 10 Sekunden, bevor Sie mit der nächsten Muskelgruppe beginnen. Bilden Sie mit der linken Hand eine Faust und entspannen Sie sie wieder.

2. Lassen Sie die Fingerspitzen der rechten Hand zur Decke zeigen, sodass der Handrücken angespannt wird. Wiederholen Sie dies nach der Entspannungsphase mit den Fingerspitzen der linken Hand.
3. Spannen Sie nacheinander die Oberarmmuskeln des rechten und des linken Armes an. Um leichter den Zustand der Anspannung zu erreichen, führen Sie die Hand des entsprechenden Armes zur Schulter.
4. Spannen Sie gleichzeitig beide Schultern an, indem Sie diese zu den Ohren ziehen.
5. Runzeln Sie die Stirn.
6. Schließen Sie fest die Augen, um die Augenmuskulatur anzuspannen.
7. Beißen Sie die Zähne fest aufeinander.
8. Pressen Sie die Lippen fest zusammen.

Legen Sie nach diesem Übungsblock eine Pause ein. Konzentrieren Sie sich auf die soeben angespannten Muskeln und spüren Sie nach, wie sich diese nun anfühlen. Beginnen Sie nach der kurzen Pause mit den nächsten Übungen.

9. Drücken Sie den Kopf fest auf die Unterlage und spüren Sie die Anspannung der Nackenmuskulatur.
10. Spannen Sie die Rückenmuskeln an, indem Sie den

Bauch nach oben drücken.

11. Holen Sie tief Luft und spüren Sie, wie sich Ihr Brustkorb weitet.
12. Spannen Sie die Bauchmuskeln an.
13. Spannen Sie die Oberschenkelmuskeln an. Zuerst den linken, nach der Entspannungsphase den rechten Oberschenkel.
14. Ziehen Sie zuerst die Zehen des rechten, dann des linken Fußes in Richtung Kopf. Spüren Sie die Anspannung in den Unterschenkeln.

Konzentrieren Sie sich zum Schluss noch einmal auf alle Muskelgruppen. Bleiben Sie für ungefähr zwei Minuten in diesem entspannten Zustand.
Kommen Sie dann wieder in den Alltag zurück, indem Sie tief Luft holen und sich strecken.

TIPP

Die progressive Muskelrelaxation können Sie auch am Abend vor dem Referat durchführen, wenn Sie nicht einschlafen können. In diesem Fall lassen Sie jedoch den letzten Teil der Übung – den Körper strecken und tief einatmen – weg.

Autogenes Training

Autogenes Training ist eine Methode der Selbstbeeinflussung. Das Ziel besteht darin, sich selbst in Entspannung zu versetzen. Es gibt unterschiedliche Übungen, um körperliche Vor-

gänge zu beeinflussen. Im Folgenden wird die Schwere-Übung vorgestellt.
Sprechen Sie sich den folgenden Text am besten auf Kassette. Die im Text eingefügten Klammern (...) kennzeichnen die Sprechpausen.

Übung 19: Legen Sie sich auf den Boden. Die Arme liegen locker neben dem Körper.

Ich gehe meinen Körper durch und spüre, ob sich irgendwo noch Reste von Verspannungen befinden.
(...) Ich suche in den Beinen (...), dem Rumpf (...), den Armen (...), dem Kopf (...), ob sich irgendwo noch Reste von Verspannungen befinden. Wenn da noch Spannungen sind, dann beseitige ich diese jetzt. (...) Ich bin ganz ruhig, ganz entspannt, (...) ganz ruhig. (...) Ich bin ganz ruhig, ganz entspannt. (...) Ich lass jetzt los, lass los. (...) Ich bin ganz ruhig, ganz entspannt. (...) Ich lass jetzt los. (...) Meine Gedanken lasse ich ziehen. (...) Sie ziehen wie die Wolken am Himmel an mir vorüber. (...) Ich lass jetzt los. (...) Mein rechter Arm ist ganz schwer. (...) Ich bin ganz ruhig, ganz entspannt. (...) Mein rechter Arm ist schwer wie ein Stein. (...) Ich bin ganz ruhig, ganz entspannt. (...) Geräusche vertiefen meine Entspannung. (...) Ich lass jetzt los. (...) Mein rechter Arm ist ganz schwer. (...) Ich bin ruhig und entspannt. (...) Mein linker Arm ist ganz schwer. (...) Meine Gedanken ziehen an mir vorüber. (...) Mein linker Arm ist schwer wie ein Stein. (...) Ich bin ganz ruhig, ganz entspannt. (...) Mein

linker Arm ist schwer wie ein Stein. (...) Ich bin ganz ruhig, ganz entspannt. (...) Mein linker Arm ist ganz schwer. (...) Mein rechtes Bein ist schwer. (...) Meine Gedanken lasse ich ziehen. (...) Mein rechtes Bein ist schwer wie ein Stein. (...) Ich bin ganz ruhig, ganz entspannt. (...) Mein rechtes Bein ist ganz schwer. Meine Gedanken ziehen wie die Wolken am Himmel an mir vorüber. (...) Die Schwere breitet sich in meinem linken Bein aus. (...) Mein linkes Bein ist ganz schwer. (...) Ich lass jetzt los. (...) Ich bin ruhig und entspannt. (...) Mein linkes Bein ist ganz schwer, ganz schwer. (...) Ich bin ganz ruhig, ganz entspannt. (...) Die Schwere breitet sich in meinem gesamten Körper aus. (...) Ich bin so schwer wie ein Stein. (...) Meine Gedanken ziehen an mir vorüber wie die Wolken am Himmel. (...) Ich bin ganz ruhig, ganz entspannt. (...) Und dann balle ich meine Hände zu Fäusten. Recke mich, strecke mich. Strecke meinen ganzen Körper. Ich mache meine Augen langsam wieder auf und komme wieder zurück in meinen Alltag.

Kurzfristige Übung

Wenn Sie am Tag des Referates im Klassenzimmer sitzen und darauf warten, aufgerufen zu werden, um den Vortrag zu halten, können Sie die Zeit nutzen, unauffällig Ihren Körper zu entspannen.

Spannen Sie die Muskeln kurz an, indem Sie die Arme auf den Tisch pressen oder versuchen, mit den Armen die Lehnen des Stuhls zusammenzudrücken. Pressen Sie als nächstes die Füße für einen kurzen Moment in den Boden.

Atmung

In einer Situation, die Stress verursacht, verändert sich in der Regel die Atmung. Sie haben bei sich vielleicht schon beobachten können, dass die Atmung schneller und flacher wird, wenn Sie aufgeregt sind. Eine schlechte Atmung beeinflusst jedoch die Stimme negativ. Man kann nur leise, zittrig oder abgehackt sprechen. Auch bewirkt die veränderte Atmung eine Verschlechterung der Denkleistung. Für eine gute Konzentration ist es nämlich wichtig, dass das Gehirn ausreichend durchblutet und mit Sauerstoff versorgt wird.

Aufgrund dessen ist es von Vorteil, seine Atmung kontrollieren und regulieren zu können.

Es gibt unterschiedliche Arten der Atmung:

- Brustatmung: Hier hebt sich beim Einatmen nur der obere Teil des Brustkorbes. Diese Atemtechnik ist im Vergleich zu anderen Atemtechniken sehr aufwändig. Deswegen sollten Sie Ihre Atmung verändern, wenn Sie bei sich diese Art der Atmung feststellen sollten.
- Zwerchfellatmung: Dies ist die natürliche Atmung. Sie ist erkennbar durch das deutliche Heben und Senken der Bauchdecke bei der Ein- und Ausatmung.
- Vollatmung: Ist eine Kombination aus den eben geschilderten Atemformen. Sie ergibt das größte Atemvolumen.

Übung 20: Legen Sie sich auf den Boden und schließen Sie die Augen. Atmen Sie wie immer und versuchen Sie nicht, Ihren Atem in irgendeiner Weise zu kontrollieren. Beobachten Sie, wie der Atem in Ihren Körper hineinströmt und wieder den Körper verlässt. Finden Sie heraus, wie Sie atmen. Atmen Sie mehr in die Brust oder in den Bauch hinein? Oder beherrschen Sie schon die Vollatmung?

Im Folgenden werden verschiedene Atemübungen beschrieben, die sowohl langfristig als auch kurzfristig eingesetzt werden können. Sie werden feststellen, dass diese Atemübungen Ihnen nicht nur helfen, Ihre Atmung zu kontrollieren, sondern auch Einfluss auf Ihren Entspannungszustand haben.

Übung 21: Stellen Sie sich bequem hin und atmen Sie einige Male hörbar aus. Lassen Sie die folgende Einatmung von selbst aus sich herausströmen. Bei jedem Ausatmen verlängern Sie dann die Phase des Ausatmens etwas mehr. Lassen Sie die Einatmung frei in sich hineinfließen. Beobachten Sie, wie sich diese verändert. Sie werden feststellen, dass sich die Einatmung immer weiter vertieft, je länger die Ausatmung ist.

TIPP

Diese Übung können Sie auch verkürzt am Tag des Referates anwenden. Atmen Sie lange und ruhig durch die Nase aus. Dadurch wird die Einatmung vertieft, und Verspannungen werden gelöst.

Erweiterte Schwere-Übung

Im vorangegangenen Kapitel wurde die Schwere-Übung als mögliche Entspannungsübung vorgestellt. Diese kann man ausweiten, um die Atmung zu beeinflussen.

Sprechen Sie den Text der Schwere-Übung auf eine Kassette. Lassen Sie jedoch den Abschlussteil weg, in dem Sie sich anleiten, die Übung zu beenden und wieder in den Alltag zurück zu kommen. Schließen Sie stattdessen den folgenden Text an:

Übung 22: Mein Atem geht ruhig und gleichmäßig. (...) Ich bin ganz ruhig, ganz entspannt. (...) Mein Atem geht ruhig und gleichmäßig. (...) Meine Gedanken ziehen an mir vorüber. (...) Es atmet. (...) Es atmet mich. (...) Ich bin ganz ruhig, ganz entspannt. (...) Mein Atem geht ruhig und gleichmäßig. (...) Beim Einatmen spüre ich die Kraft, die aus dem Inneren kommt. (...) Beim Ausatmen spüre ich die Entspannung, wie sie tiefer und tiefer wird. (...) Ich spüre die Kraft und die Entspannung. (...) Ich bin ganz ruhig, ganz entspannt. (...) Mein Atem geht ruhig und gleichmäßig. (...) Ich spüre die Kraft und die Entspannung. (...) Und dann balle ich meine Hände zu Fäusten. Recke mich, strecke mich. Strecke meinen ganzen Körper. Ich mache meine Augen wieder auf und komme zurück in den Alltag.

Kurzfristige Übung

Setzen Sie sich auf einen Stuhl und richten Sie Ihre Aufmerksamkeit nach innen. Versuchen Sie, die Spannung fallen zu lassen und schließen Sie, wenn möglich, leicht die Augen. Konzentrieren Sie sich auf Ihre Atmung. Legen Sie Ihre Hände auf den Bauch und atmen Sie in den Bauch hinein. Spüren Sie, wie sich Ihr Bauch beim Einatmen hebt und beim

Ausatmen wieder senkt. Erfolgt die Bauchatmung automatisch, so konzentrieren Sie sich nun auf Ihre Nase. Atmen Sie langsam durch die Nase ein und zählen Sie beim Einatmen bis vier. Atmen Sie genauso langsam wieder aus. Wiederholen Sie diese Atmung zehnmal.
Öffnen Sie dann die Augen. Konzentrieren Sie sich weiterhin auf Ihre Atmung und machen Sie noch einmal zehn solcher Atemzüge. Vergessen Sie dabei nicht, jeweils bis vier zu zählen.

Wenn Sie versuchen, Ihre körperlichen Symptome mittels der Entspannungs- und Atemübungen zu kontrollieren, dann werden Sie feststellen, dass die Veränderung der körperlichen Vorgänge auch eine Veränderung Ihres Gefühlszustandes bewirken wird. Sie fühlen sich dann ausgeglichener, sicherer und ruhiger. Ihre Reaktionen auf Stresssituationen vermindern sich dadurch. Im folgenden Teilkapitel soll ausführlich auf die dritte Säule, die das Lampenfieber aufrechterhält – die Gedanken – eingegangen werden.

Gedanken

Menschen, die unter starkem Lampenfieber leiden, haben meistens die Vorstellung bzw. die Gedanken, dass Ihr Vortrag eine Katastrophe werden wird. Sie haben Angst, sich vor den Zuhörern zu blamieren und sich zur Witzfigur zu machen.
Das Phänomen an Gedanken ist, dass sie meist Wirklichkeit werden. Wenn Sie also beispielsweise befürchten, dass Sie während des Vortrages stolpern oder dass Sie bei einem ganz

bestimmten Wort ins Stottern kommen werden, so wird dies mit relativ hoher Wahrscheinlichkeit auch passieren. Dies wird auch als selbsterfüllende Prophezeiung bezeichnet. Sie können jedoch dieses Phänomen auch positiv nutzen, indem Sie Ihre Katastrophengedanken in positive Gedanken umwandeln. Denken und glauben Sie an Ihren Erfolg. Achten Sie nicht so sehr auf Ihre Schwächen, sondern konzentrieren Sie sich auf Ihre Stärken und erinnern Sie sich an kleine vorangegangene Erfolge.

Übung 23: Um die Furcht vor der Referatssituation abzubauen, versuchen Sie, sich geistig darauf vorzubereiten. Begeben Sie sich in eine bequeme Lage und stellen Sie sich den Tag, an dem Sie Ihr Referat halten werden, genau vor. Wie wird der Raum aussehen, in dem Sie den Vortrag halten werden? Wer wird Ihnen gegenüber sitzen? Stellen Sie sich vor, wie Sie den Vortrag halten. Versuchen Sie, jedes Detail vor Ihrem inneren Auge aufzubauen. Wie werden Sie Einleitung, Hauptteil und Schluss vortragen? Wichtig ist hierbei, dass Sie sich einen positiven Verlauf des Referates vorstellen. Malen Sie sich keine Katastrophen aus, die während des Referates auftreten könnten. Dies ist nicht der Sinn der Übung!

Allgemeines zum Verhalten vor dem Referat

Stellen Sie keine überhöhten Anforderungen an sich, sondern wählen sie kleine, erreichbare Ziele.
Überlegen Sie sich am Abend vor dem Referat, was Sie anziehen werden. Wählen Sie Kleidung, die bequem ist und in

der Sie sich wohlfühlen. Tragen Sie Sachen, die Ihrem Auftritt angemessen sind.
Schlafen Sie vor Ihrem Referat ausreichend. Wenn Sie Schwierigkeiten mit dem Einschlafen haben sollten, machen Sie eine der Entspannungsübungen, die bereits beschrieben worden sind. Achten Sie darauf, dass Sie am Morgen genügend Zeit haben und nicht zur Schule hetzen müssen. Hören Sie zum Frühstück ruhige, entspannende Musik.

Essen sie vor dem Vortrag nur eine Kleinigkeit, um Übelkeit zu vermeiden. Essen Sie eher leichte Dinge, die den Magen nicht zu stark belasten. Vermeiden Sie es jedoch, mit völlig leerem Magen den Tag überstehen zu wollen. Hierdurch können sich Kreislaufprobleme, Unwohlsein und Gedächtnisprobleme verstärken. Auf Rauchen oder Kaffeetrinken sollten Sie vor Ihrem Referat ganz verzichten, da Nikotin und Koffein den Ausstoß von Adrenalin anregen. Adrenalin ist ein Hormon und wird bei Aktivierung bzw. körperlicher und geistiger Erregung vom Körper ausgeschüttet. Es bewirkt die Entstehung der Stresssymptome. Sie können davon ausgehen, dass Ihr Adrenalinspiegel während des Vortrags erhöht sein wird. Steigern Sie Ihn nicht noch mehr durch Kaffee oder Zigaretten. Ansonsten werden sich Ihre körperlichen Symptome verstärken.

Beschäftigen Sie sich nicht bis zur letzten Minute mit Ihren Notizen, weil Sie glauben, sich auch in der kurzen verbleibenden Zeit noch vorbereiten zu müssen. Sie werden sich dadurch nur noch mehr durcheinander bringen und das Gefühl

haben, Ihren Stoff nicht mehr zu beherrschen. Versuchen Sie, eine Entspannungs- oder Atemübung zu machen.
Lösen sie vorhandene Verspannungen in den Schultern und im Nacken auf. Dabei kann folgende Übung hilfreich sein:

Übung 24: Ziehen Sie die Schultern gleichzeitig so weit es geht zu den Ohren. Halten Sie diese Stellung für drei bis vier Sekunden. Rollen Sie Ihre Schultern nun nach hinten und beschreiben Sie dabei einen Kreis. Wiederholen Sie diese Übung ein paar Mal.

Gehen Sie spazieren, wenn Sie die Möglichkeit dazu haben. Lenken Sie sich durch Gespräche mit anderen ab. Vermeiden Sie jedoch tiefgreifende Diskussionen. Denken Sie daran, dass Sie Ihre Energie noch für Ihren Vortrag brauchen.

Allgemeines zum Verhalten während des Vortrages
Viele neigen bei großer Aufregung dazu, den Vortrag so schnell wie möglich zu beginnen, um so schnell wie möglich damit fertig zu werden. Versuchen Sie, das Referat nicht zu überstürzen. Probieren Sie, zu Beginn Ihre Zuhörer anzulächeln und werfen Sie einen Blick in die Runde. Machen Sie eine kurze Pause, um sich mit der neuen Situation vertraut zu machen. Geben Sie Ihrem Körper einen Moment Zeit, sein Gleichgewicht neu zu finden.

Machen Sie sich bewusst, dass Ihre Zuhörer Ihre Zeichen der Aufregung wie Zittern der Hände oder Schwitzen wahrscheinlich gar nicht wahrnehmen. Sie können auch zu Beginn Ihres Referates sagen, dass Sie aufgeregt sind. Keiner Ihrer Mitschüler wird Ihnen das verübeln, da alle schon einmal in dieser Situation waren und wissen, wie man sich fühlt. So erleichtern Sie sich den Umgang mit Ihrer Aufregung. Sie müssen sich nicht mehr angestrengt darauf konzentrieren, diese zu unterdrücken.

Versuchen Sie, Ihre Atmung zu kontrollieren, sodass Sie nicht zu schnell oder zu abgeflacht ist.

Viele haben bei Referaten Angst davor, den Faden zu verlieren, wenn Störungen, Zwischenfragen oder Ähnliches auftreten. Seinen Faden fest in der Hand zu halten ist eine Frage der Konzentration. Diese Fähigkeit ist erlernbar. Dazu hilft Ihnen vielleicht folgende Übung:

Übung 25: Nehmen Sie ein großes Blatt Papier und zwei Stifte. Versuchen Sie nun, gleichzeitig zwei verschiedene geometrische Figuren zu zeichnen. Mit der linken Hand malen Sie einen Kreis und mit der rechten Hand ein Quadrat. Wenn Ihnen dieses gelingt, dann wechseln Sie die Seiten, d. h. malen Sie nun mit der linken Hand ein Quadrat und mit der rechten Hand einen Kreis. Wenn Sie diese Übung mehrmals durchführen, wird Ihre Konzentration sich verbessern. Sie üben hiermit, zwei Aufgaben gleichzeitig auszuführen. Sie sind dann in der Lage, Ihren roten Faden zu halten, auch wenn Sie unterbrochen werden.

▸CHECKLISTE: LAMPENFIEBER

- gründliche Vorbereitung des Vortrages
- Selbstbeobachtung (Wie gehen Sie mit Lampenfieber um?)
- Minderung von Lampenfieber
- Entspannungs- und Atemübungen durchführen
- die Vorstellung an das Referat mit positiven Gedanken verbinden
- Ziele setzen, die erreichbar sind
- ausreichend schlafen
- leichte Kost zu sich nehmen
- auf Zigaretten und Kaffee verzichten
- sich kurz vor dem Vortrag bewegen, entspannen und/oder sich durch Gespräche ablenken
- den Vortrag nicht überstürzen und durch das Thema hasten, um schnell damit fertig zu werden.

3.4 EINSATZ VON ANSCHAUUNGSMATERIALIEN

In Kapitel 2 konnten Sie sich darüber informieren, wie Sie Ihren Vortrag mit Anschauungsmaterialien unterstreichen können, sodass die Informationen für die Zuhörer verständlicher sind. Jedoch reicht es nicht allein aus, anschauliche Folien, Tafelbilder etc. zu kreieren. Auch bei der Präsentation müssen einige Punkte beachtet werden, damit Ihr Referat durch den Einsatz dieser Mittel auch wirklich verständlicher wird. Darauf soll in diesem Kapitel näher eingegangen werden.

Einsatz von Folien

Wenn Sie Folien benutzen wollen, dann sollten Sie sich vergewissern, dass Sie sich mit dem Gerät, dem Overhead-Projektor, gut auskennen.

> **TIPP**
>
> **Schauen Sie sich einige Tage vor dem Referat das Gerät an. Wenn Sie sich gar nicht damit auskennen, lassen Sie sich von einem Lehrer erklären, wie es funktioniert. Sie sollten wissen, wo man es an- und ausschaltet, wie man die Bildschärfe einstellt und wo sich der Schalter zum Einschalten der Ersatzbirne befindet.**

Besorgen Sie sich schon vor Beginn der Unterrichtsstunde, in der Sie Ihr Referat halten, den Overhead-Projektor und stellen Sie die Bildschärfe ein. Überlegen Sie sich, wo Sie das Gerät am besten hinstellen, sodass alle Schüler Ihre Folien sehen können. Fragen Sie gegebenenfalls beim Ausprobieren Ihre Mitschüler, ob diese alles gut erkennen können. Wenn nicht, suchen Sie einen anderen Platz, wo Sie das Gerät hinstellen.

Während des Referates stellen Sie sich so hin, dass Sie nicht die Sicht auf die Projektionsfläche des Projektors verstellen. Stellen oder setzen Sie sich neben den Overhead-Projektor. Wenn Sie Ihre Folien erläutern, benutzen Sie einen Stift, um die entsprechenden Punkte auf der Folie zu zeigen.

> **TIPP**
>
> **Benutzen Sie einen kantigen Bleistift. Diesen können Sie während Ihrer Erklärungen auf die Folie legen, ohne dass er wegrollt.**

Verzichten Sie bitte darauf, mit Ihrem Finger auf die Folie zu zeigen. Durch Ihre Hand wird ein großer Teil der Folie verdeckt, und es ist nicht eindeutig, wohin Sie zeigen.

Halten Sie während der Präsentation der Folien immer Blickkontakt zum Publikum. Sprechen Sie nicht mit der Wand oder mit dem Projektor!

Wie schon in Kapitel 2 erwähnt, empfiehlt es sich, die Folien durchzunummerieren, damit Sie während des Referates nicht durcheinander kommen.
Legen Sie die Folien nicht zu schnell hintereinander auf. Beachten Sie die Regel, dass eine Folie mindestens zwei Minuten auf dem Projektor aufliegen sollte. Bevor Sie mit Ihren Erläuterungen anfangen, empfiehlt es sich, dass Sie Ihren Zuhörern etwas Zeit geben, um die Folie zu lesen und sich mit dem Inhalt vertraut zu machen. Handelt es sich um eine äußerst komplexe Folie, so ist es gut, Teile davon mit einem Blatt Papier abzudecken und später zur Erklärung nach und nach wieder aufzudecken.
Haben Sie eine Folie behandelt und wollen nicht sofort zur nächsten Folie übergehen, dann schalten Sie den Projektor wieder aus. Das erneute Anschalten des Projektors ist ein zusätzliches Mittel, um zu bewirken, dass die Zuhörer Ihnen Aufmerksamkeit schenken.
Überprüfen Sie während des Referates immer wieder, ob die Bildschärfe noch stimmt. Diese kann sich mit der Zeit immer etwas verschlechtern, sodass sie neu reguliert werden muss.

TIPP

Fragen Sie vor Ihrem Vortrag einen Mitschüler oder eine Mitschülerin, ob er/sie für Sie während des Referates die Folien auflegt. Entweder besprechen Sie vorher miteinander, wann die entsprechenden Folien aufgelegt werden sollen, oder Sie geben während des Referates ein Zeichen. Dadurch müssen Sie sich nur auf Ihre Worte konzentrieren und nicht zusätzlich den Ablauf der Folienpräsentation managen.

CHECKLISTE: ANSCHAUUNGSMATERIAL

- sich mit dem Gerät vertraut machen
- gute Position für den Overhead-Projektor finden
- nicht selbst die Sicht auf die Projektionsfläche verstellen
- kantigen Bleistift zum Zeigen nutzen
- Blickkontakt zu den Zuhörern halten
- jede Folie mindestens zwei Minuten zeigen
- Zuhörer zuerst die Folie lesen lassen
- komplexe Folien teilweise abdecken
- Projektor zwischendurch immer wieder ausschalten
- Bildschärfe regelmäßig überprüfen

Tafel

Möchten Sie ein Tafelbild zur Veranschaulichung einsetzen, so ist hier eine ansprechende Gestaltung wichtig. Achten Sie darauf, dass die Tafel sauber ist. Auf verschmierten Tafeln kommt das beste Tafelbild nicht zur Geltung. Sorgen Sie dafür, dass ein feuchter Lappen oder ein Schwamm vorhanden ist. So können Sie auch während des Referates Teile ausbessern. Des Weiteren besorgen Sie sich im Vorfeld ausreichend Kreide, vor allen Dingen in unterschiedlichen Farben. Auch beim Einsatz einer Tafel ist es wichtig, Blickkontakt zu den Mitschülern zu halten. Es gilt auch hier wieder die Regel: Erst schreiben, dann reden! Sie sollten sich jedoch nicht für längere Zeit mit dem Schreiben aufhalten, da ansonsten eine längere Pause entsteht, die mit Schweigen gefüllt ist. Ihre Zuhörer werden sich dann womöglich langweilen. Sind Sie der Meinung, dass Sie längere Zeit für die Fertigstellung des Tafelbildes brauchen, so fertigen Sie dieses am besten schon in der Pause vor Ihrem Referat an. Bei der Präsentation sollten Sie dann wieder beachten, Ihren Mitschülern etwas Zeit zum Lesen zu geben, bevor Sie mit den Erläuterungen anfangen.

Der Nachteil an einer Darstellung an der Tafel ist, dass man schnell Kreide an den Fingern hat und sich diese dann an die Kleidung schmiert. Dadurch erweckt man vielleicht nicht den günstigsten Eindruck bei seinen Mitschülern.

CHECKLISTE: TAFELBILD

- saubere Tafel benutzen
- für Kreide und Schwamm sorgen
- Blickkontakt zu den Mitschülern halten
- nicht zu viel Zeit zum Schreiben verwenden

Flipchart

Bei der Benutzung eines Flipcharts sollten Sie daran denken, farbige Stifte mitzubringen oder sich diese vorher vom Lehrer geben zu lassen. Überprüfen Sie, ob die Stifte gut funktionieren. Stellen Sie sicher, dass genügend Papier vorhanden ist. Sollten Sie vorhaben, einzelne Blätter an die Wand zu kleben, so besorgen Sie sich Klebeband oder Reißzwecken. Ebenso ist hier der Blickkontakt zu den Zuhörern wichtig, also erst schreiben, dann sprechen. Auch beim Flipchart können Sie die einzelnen Blätter vorher vorbereiten. Denken Sie dann bitte daran, Ihren Zuhörern etwas Zeit zum Lesen zu geben, bevor Sie auf den Inhalt eingehen.

Video/Tonband

Wenn Sie einen Ausschnitt aus einem Film zeigen oder ein Tonband vorspielen möchten, dann machen Sie sich vorher mit dem entsprechenden Gerät vertraut. Spulen Sie vor Ihrem Vortrag zu der Stelle, die Sie im Rahmen Ihres Vortrages präsentieren möchten. Wenn Sie Teile eines Films zeigen, so beachten Sie, dass der Fernseher so steht, dass alle Mitschüler gut sehen können. Möglicherweise kann dies aufgrund des Raumes etwas schwierig sein. Geben Sie in diesem Fall Ihren Mitschülern Zeit, die Sitzordnung entsprechend zu ändern, sodass alle etwas sehen können. Achten Sie bei einem Film oder einem Tonband auf die angemessene Lautstärke. Alle sollten das Gesprochene verstehen können, die Zuhörer in den ersten Reihen sollten jedoch keine Hörschäden davontragen.

3.5 REAKTIONEN AUF ZWISCHENFRAGEN

Es kann passieren, dass während Ihres Vortrages oder im Anschluss daran bei einigen Zuhörern Fragen auftreten. Dies ist der Teil des Referates, der von vielen Rednern gefürchtet wird, da sie Angst haben, als unwissend zu erscheinen. Es gibt jedoch einige Strategien, die Ihnen helfen, mit Fragen umzugehen. Zum einen besteht die Möglichkeit, ehrlich zu sagen, dass Sie auf diese Frage keine Antwort wissen. Davor brauchen Sie keine Angst zu haben, denn niemand kann allwissend sein. Sie können hier jedoch auf entsprechende Literatur verweisen oder sich die Frage notieren und in der nächsten Unterrichtsstunde die Antwort nachliefern.
Sie können sich auch Zeit zum Überlegen verschaffen, indem Sie die Frage mit eigenen Worten noch einmal wiederholen. Ebenso ist es möglich, dass Sie noch einmal nachhaken und bestimmte Aspekte der Frage beim Zuhörer nachfragen. Dies vermittelt dem Zuhörer, dass Sie ihn ernst nehmen und an seiner Frage interessiert sind.

Sie können natürlich auch die Frage an Ihre Zuhörer weiterleiten und von diesen beantworten lassen, sofern die Frage nicht allzu speziell ist.

TIPP

Eine gute Vorbereitung auf den Vortrag erhöht die Wahrscheinlichkeit, dass Sie die aufkommenden Fragen beantworten können. Befassen Sie sich also gründlich mit dem Thema, sodass Sie über mehr Informationen verfügen, als Sie in Ihrem Referat präsentieren.

Übung 26: Schauen Sie sich Ihren Referatstext an und überlegen Sie, welche Fragen gestellt werden könnten. Notieren Sie sich diese und überlegen Sie sich die passenden Antworten. Üben Sie diese ein. Die folgenden Fragen sollen Ihnen bei der Übung hilfreich sein:

- Bei welcher Frage hoffe ich, dass diese mir nicht gestellt wird?
- Bei welcher Frage weiß ich, dass ich derzeit keine Antwort darauf habe?
- Welche Frage würde ich mir wünschen?
- Mit welcher Frage wird mein stärkster Punkt getroffen?

Formulieren Sie die Antworten genau aus. Auch wenn Sie nicht auf alle Fragen eine Antwort wissen, geben Sie dennoch ein gutes Bild ab, wenn Sie eben dies gut in Worte fassen können und flüssig und überzeugend antworten.

Nicht alle Zwischenfragen beziehen sich auf den Teil, der gerade von Ihnen behandelt wird. Sie können entweder darauf verweisen, dass Sie im Verlauf des Referates noch auf diesen Punkt eingehen werden oder den Zuhörer bitten, sich diese Frage für den Diskussionsteil am Ende des Vortrages aufzuheben. Zusätzlich sollten Sie sich die Frage in kurzen Worten notieren, damit diese nicht verloren geht und später tatsächlich noch behandelt wird.
Wenn Sie am Ende Ihres Referates Fragen zulassen, sollten Sie Ihren Zuhörern genügend Zeit geben, sich diese zu über-

legen und zu formulieren. Nehmen Sie Ihre Zuhörer ernst und gehen Sie auf die Fragen ein. Denken Sie daran, dass es keine dummen Fragen gibt! Wenn Ihnen selbst eine Anmerkung nicht so ganz verständlich ist, dann fragen Sie nach. Fordern Sie den Zuhörer auf, die Frage ausführlicher oder mit anderen Worten zu formulieren.
Bedenken Sie, dass die Fragen möglicherweise eine gute Überleitung zum letzten Teil des Referates, dem Diskussionsteil, sein können.
Bei der Beantwortung sollten Sie darauf achten, dass Ihre Antwort nicht zu lang ausfällt. Eine Frage ist keine Aufforderung, einen weiteren Vortrag zu halten!

3.6 ABSCHLIEßENDE DISKUSSION

Auch eine Diskussion sollte im Vorfeld geplant werden. Sie wissen zwar nicht, was Ihre Mitschüler äußern werden, doch Sie können sich vorher überlegen, welches Ziel Sie mit der Diskussion verfolgen wollen. Denken Sie darüber nach, welche Fragen oder Problembereiche im Mittelpunkt der Diskussion stehen sollen. Können innerhalb der Diskussion Bezüge zu anderen Themen hergestellt werden? Überlegen Sie sich, mit welchen Worten Sie die Diskussion einleiten könnten. Fertigen Sie sich dazu einen Stichwortzettel an.

Es gibt unterschiedliche Arten, eine Diskussion zu beginnen. Haben Sie zu Beginn des Referates ein Meinungsbild unter den Zuhörern erstellt und es an der Tafel, auf dem Flipchart oder auf einer Folie festgehalten, können Sie am Schluss noch einmal darauf zurückgreifen. Sie können beispielsweise ein neues Meinungsbild erstellen und es mit dem anfänglichen Meinungsbild vergleichen. Diskutieren Sie die Unterschiede. Um die Diskussion anzuregen, können Sie auch interessante Thesen oder Fragen präsentieren. Bei der Formulierung der Fragen sollten Sie darauf achten, dass diese zum Sprechen anregen und nicht nur mit „ja" oder „nein" beantwortet werden können.

Es gibt auch die Möglichkeit, zu bestimmten Thesen ein Brainstorming zu machen und alle Einfälle auf der Tafel oder einer Folie aufzuschreiben. Überlegen Sie sich hierfür treffende Schlagwörter. Dies kann eine gute Diskussionsgrundlage bieten.

Manche Schüler haben möglicherweise Interesse, über bestimmte Punkte Ihres Referats zu diskutieren, jedoch haben sie eine Scheu davor, in einer größeren Runde ihre Meinung zu äußern. Ein guter Weg, diese Unsicherheit abzubauen, ist die Aufforderung an die Zuhörer, sich mit ihrem jeweiligen Nachbarn über den Vortrag auszutauschen. Sie können auch Dreier- oder Vierer-Gruppen bilden lassen. Geben Sie den Zuhörern ca. 10 Minuten Zeit, um miteinander zu diskutieren. Lassen Sie dann die Ergebnisse, Fragen und Anmerkungen in der gesamten Gruppe zusammentragen. Durch die Diskussion in der kleinen Gruppe konnten sich alle „aufwärmen", und die Diskussion in der großen Gruppe wird dann flüssiger verlaufen.

TIPP

Durch die Diskussion wird der Vortrag aufgelockert, da die Zuhörer an dieser Stelle die Möglichkeit haben, sich aktiv zu beteiligen. Lassen Sie im Rahmen Ihrer zeitlichen Möglichkeiten so viele Mitschüler wie möglich zu Wort kommen.

Sorgen Sie für ein faires und sachliches Diskussionsklima. Überlegen Sie sich, welche Erfahrungen und Kenntnisse Ihre Mitschüler mitbringen. Möglicherweise finden Sie hier für die Diskussion Anknüpfungspunkte.

Sehen Sie davon ab, die Diskussion nur mit einer Person zu führen. Sie mögen vielleicht froh sein, dass es eine Wortmeldung gibt und kein peinliches Schweigen entsteht, jedoch fühlen sich dadurch die anderen Zuhörer ausgeschlossen. Dadurch wird verhindert, dass eine Diskussion in der gesamten Gruppe entsteht. Sollte sich ein Mitschüler äußerst redselig zeigen, dann unterbrechen Sie ihn taktvoll und fragen die anderen Schüler nach ihrer Meinung bzw. ob sie mit dem gerade Gesagten übereinstimmen.

Sollte es in der Gruppe einen Schüler geben, der mit seinem Wissen glänzen möchte, dann fordern Sie auch hier die Gruppe auf, zu dem Gesagten Stellung zu beziehen. Möchte jemand einen Streit mit Ihnen anfangen, so bleiben Sie ruhig und atmen sie tief durch. Auch hier bewährt es sich, die Gruppe mit einzubeziehen und nach gegensätzlichen Meinungen zu fragen.

Sollte einer der Schüler seine Meinung etwas unklar formulieren, so fragen Sie ruhig nach. Bitten Sie ihn, das soeben Geschilderte mit anderen Worten zu erklären.

Wenn die Diskussion ausufert und Themen diskutiert werden, die mit Ihrem Vortrag nichts mehr zu tun haben, dann führen Sie die Gruppe wieder auf die Ausgangspunkte zurück.

Auch wenn die Diskussion gut begonnen hat, kann es passieren, dass sie im Verlauf ins Stocken gerät. Durch weiterführende Fragen kann die Diskussion jedoch wieder in Gang gebracht werden. Folgende Fragen können Sie hierfür einsetzen:

- Was lässt sich daraus ableiten?
- Was können die Ursachen hierfür vermutlich sein?
- Welche Schlüsse kann man daraus ziehen?
- Wem fallen dazu Lösungen ein?
- Was spricht dafür, was spricht dagegen?

Der Abschluss einer Diskussion kann darin bestehen, dass Sie das Wesentliche zusammenfassen und Fragen, die offen geblieben sind, noch einmal nennen. Falls es sich anbietet, sollten auch Sie nochmals Stellung beziehen.

▸ CHECKLISTE: ABSCHLUSSDISKUSSION

- Fragen Sie sich beim Vorbereiten Ihrer Abschlussdiskussion, was Sie erreichen wollen und überlegen Sie sich im Voraus ein genaues Ziel Ihrer Diskussion.
- Stellen Sie bestimmte Fragen oder Problembereiche in den Mittelpunkt Ihrer Diskussion.
- Überlegen Sie sich eine genaue Einleitung der Diskussion.
- Beginnen Sie die Diskussion durch ein Meinungsbild, interessante Thesen und Fragen oder mit einem Brainstorming.
- Bringen Sie sich immer wieder in die Diskussion ein und leiten Sie die Diskussion.
- Um Ihren Mitschülern den Einstieg in die Diskussion zu erleichtern, können Sie diese zuerst in einem kleineren Rahmen mit dem jeweiligen Banknachbarn oder in kleineren Gruppen von drei bis vier Personen starten. So erhalten alle die Möglichkeit, kleine Missverständnisse zu beseitigen und die Unsicherheit abzubauen.
- Führen Sie nicht nur mit einer Person ein Gespräch.
- Beziehen Sie bei Vielrednern, Besserwissern und Sreitsuchenden die Gruppe mit ein.
- Sorgen Sie für ein faires und sachliches Diskussionsklima.
- Notieren Sie sich stichpunktartig, welche Punkte genannt werden.
- Führen Sie Ihre Zuhörer auf die wesentlichen Punkte der Diskussion zurück, falls die Diskussion zeitweise zu stark vom Ausgangsthema abweichen sollte.
- Erhalten Sie die Diskussion durch weiterführende Fragen aufrecht.
- Fassen Sie die Ergebnisse zum Schluss zusammen, nennen Sie Fragen, die offen geblieben sind.
- Verdeutlichen Sie abschließend Ihren eigenen Standpunkt.

3.7 SELBSTEINSCHÄTZUNG

Überlegen Sie nach Ihrem Vortrag, wie dieser für Sie gelaufen ist und wie Sie sich dabei gefühlt haben. Versuchen Sie Antworten auf folgende Fragen zu finden:

- Habe ich mich sicher und kompetent gefühlt?
- Habe ich darauf geachtet, meine Mitschüler bzw. mein Publikum des Öfteren anzuschauen?
- Habe ich alle Inhalte eingebracht, die ich interessant und notwendig fand?
- Habe ich meinen roten Faden behalten können?
- Haben meine Mitschüler verstanden, was ich ihnen vorgetragen habe?
- Konnte ich meine Mitschüler für meinen Vortrag interessieren?
- Kamen von den Mitschülern interessante Beiträge?
- Konnte ich die Diskussion gut einleiten und aufrechterhalten?
- Konnte ich alle Fragen zu meinem Vortrag zufriedenstellend beantworten? Sind Fragen offen geblieben?

- Ist es mir gelungen alle Thesen der Abschlussdiskussion nochmals zusammenzufassen und ein Fazit zu ziehen?

Finden Sie heraus, was bei Ihrem Vortrag gut war. Befragen Sie auch Ihre Mitschüler, zum Beispiel einen guten Freund, was besonders gut war und worauf Sie ausführlicher hätten eingehen sollen. Natürlich können Sie auch Ihren Lehrer fragen, welche Veränderungen er Ihnen für Ihr nächstes Referat empfehlen würde.
Merken Sie sich diese Punkte und berücksichtigen Sie sie beim nächsten Referat.

Gab es Punkte, mit denen Sie bei Ihrem Referat nicht so zufrieden waren? Dann notieren Sie sich diese und formulieren Sie konkrete Ziele, die Sie erreichen möchten. Denken Sie darüber nach, wie Sie die Ziele am besten verwirklichen können.

Auch wenn Sie mit Ihrem Referat nicht so zufrieden sind, sollten Sie sich dennoch belohnen – als Ansporn für das nächste Referat. Machen Sie etwas Schönes oder beschenken Sie sich mit einer Kleinigkeit, die Sie schon lange haben wollten. Denken Sie daran, dass Sie sich der Situation mutig gestellt und sich nicht davor gedrückt haben. Allein das ist schon eine Belohnung wert!

Sie können Ihre Fähigkeiten verbessern, indem Sie immer wieder üben. Sie werden feststellen, dass Sie von Mal zu Mal besser werden.

ANHANG: LÖSUNGEN

Übung 1 (S. 9):

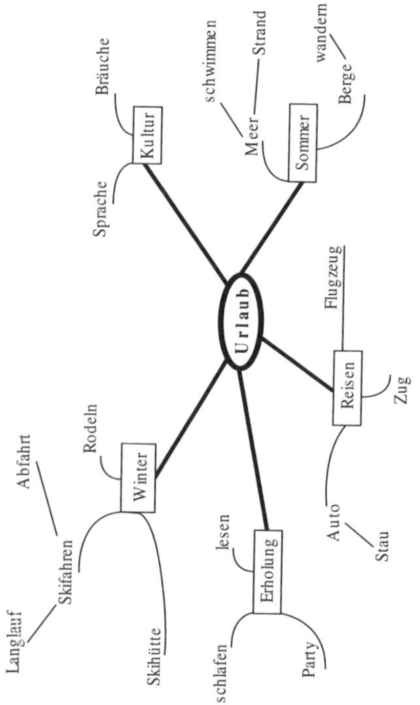

Übung 3 (S. 27):

Die Internetseite www.klug-suchen.de ist eine so genannte Suchmaschinen-Suchmaschine. Hier finden Sie allgemeine Suchmaschinen, spezielle Suchdienste, Suchmaschinen für Spezialgebiete, wie Regionalsuchmaschinen, Suchmaschinen für Produkte, verschiedene Hobbys usw.
Da Sie Ihr Referatsthema (bzw. den gesuchten Begriff) gesondert eingeben können und danach zutreffende Suchmaschinen ausgewählt werden, dürfte es Ihnen nicht allzu schwer fallen, Ihre Suche zu spezifizieren.

Übung 4 (S. 56):

a) „Der größte Teil besteht aus Gebirgen, sogar Hochgebirgen (Hammadas), bis 3500 Meter mächtig, [...].“
b) „Zugleich entsteht bei Inlandswüsten auf diese Weise das Ausgangsmaterial für die Dünen. [....] Als Sandfelder, die bis zum Horizont reichen, gestaltet sich nur ein kleiner Teil der Trockenräume.“
c) „Da platzen bisweilen unter lautem Knall Felsplatten ab (Abschuppung) oder zerbersten Steinblöcke (Kernsprung).
[....]
Als Sandfelder, die bis zum Horizont reichen, gestaltet sich nur ein kleiner Teil der Trockenräume.“
d) (CROPP, 1992, Seite 13-14)
e) (Quelle: CROPP, 1992)

Übung 6 (S. 67):

1 Einleitung • zeitliche Einordnung der Epoche • gesellschaftliche und politische Hintergründe des veränderten Kunstschaffens	Folie auflegen oder Power-Point-Präsentation
2 Hauptteil • wichtige Vertreter der Epoche benennen und kurz auf diese eingehen • einen Vertreter ausführlicher beschreiben, z. B. J.W. Goethe • mithilfe eines Werkes von Goethe die Epochenmerkmale, z. B. „Die Leiden des jungen Werther" • näher auf die Textsorte (Drama) eingehen	Tafelbild Handout zu Goethes Schaffen im Sturm und Drang Hörbuchausschnitt
3 Schluss • Bedeutung der Sturm- und Drang-Literatur in der heutigen Zeit • in diesem Fall eventueller Vergleich mit Ulrich Plenzdorfs „Die neuen Leiden des jungen W."	Filmausschnitt

Übung 7 (S. 84):

„Da der Mensch im Verhältnis zu manchen Tieren nicht lange ohne Wasser existieren kann, lebt er an Quellen und Wasserlöchern oder beherrschte früh den Transport von Wasser auf die unterschiedlichste Art und Weise. [...] Wer in Trockenräumen lebt und arbeitet, schwitzt am Tag zwischen sechs und 14 Litern Flüssigkeit aus – je nach Tätigkeit –, die innerhalb von zwei, drei Tagen aufgefüllt werden müssen. Durch die Wasserabgabe verlassen den Körper lebenswichtige Salze. In 1 Liter Schweiß befindet sich bis zu 3 Gramm Kochsalz.“

- Mensch
  - lebt an
    - Quellen und Wasserlöchern
      oder
      - beherrschte
        - Transport von Wasser
  - schwitzt
    - am Tag
      - 6–14 Liter Flüssigkeit

- Wasserabgabe
  - lebenswichtige
    - Salze

Übung 9 (S. 94):

Zu kontroversen Themen wie z. B. Ganztagsschule oder Schuluniform können Sie eine Pro- und Kontraliste an die Tafel malen und die Ergebnisse des Brainstormings eintragen.

pro	kontra

Wenn Sie ein Referat über z. B. die englische Königsfamilie halten, können Sie einen Stammbaum an die Tafel zeichnen.

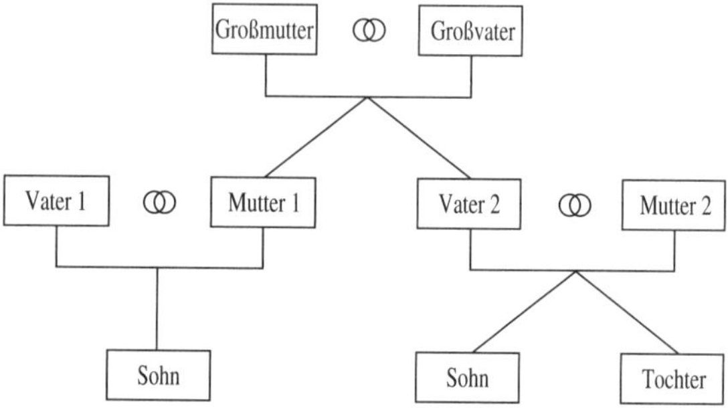

Übung 10 (S. 100):

a) In dieser Abbildung werden die Größenunterschiede zwischen den einzelnen Teilen nicht so gut sichtbar. Beispielsweise kann nicht klar erkannt werden, inwiefern sich die Anteile von Deutschland und Sonstige unterscheiden. Gut wäre hier eine zweidimensionale Darstellung oder Prozentangaben an den jeweiligen Flächen.

b) Hier wird nicht die Leserichtung berücksichtigt. Die Anordnung der Jahreszahlen ist nicht günstig gewählt. Die aktuellste Jahreszahl sollte unten stehen.

c) Sie haben wahrscheinlich bemerkt, dass hier der gleiche Sachverhalt wie in Abbildung b) dargestellt ist. Jedoch handelt es sich hierbei um keine gute Darstellung. Die Anteile Großbritanniens wirken fast gleich groß, ein Zuwachs ist hier nicht zu erkennen. Des Weiteren scheint der Anteil Frankreichs im Vergleich von 1800 bis 1840 kleiner zu werden, was den Zahlen nach jedoch nicht der Fall ist.

INFO-SEITEN

Bibliotheken im Internet
www.bibliothek.uni-augsburg.de/info/index.html
(Verzeichnis von Bibliotheken im In- und Ausland, Nationalbibliotheken, Spezialfachbibliotheken; auch Metasuche im Bibliothekskatalog möglich)

www.ubka.uni-karlsruhe.de/kvk.html
(Zugriff auf nationale sowie internationale Bibliothekskataloge möglich)

www.ddb.de
(Die Deutsche Bibliothek; Zugriff auf alle Kataloge und Datenbanken)

Lexika im Internet
www.schuelerlexikon.de
(Fachlexika, Suchmaschinen und Webkatalog)

www.phil.uni-erlangen.de
(Fachlexika und Wörterbücher)

www.uni-duesseldorf.de/www/ulb/virtbib.html
(Linksammlung zu allen Wissenschaftsfächern)

www.bonnsite.de/internet/irinfol.html
(Zugriff auf unterschiedliche Lexika)

Allgemeine Suchmaschinen
www.ub.uni-konstanz.de/dt-suchm.htm
(deutschsprachige Suchmaschine; umfasst Deutschland, deutschsprachige Schweiz, Österreich und Liechtenstein)

www.klug-suchen.de
www.abacho.de
www.altavista.de
www.fastbot.de
www.fireball.de
www.google.de
www.speedengine.de
www.yahoo.de
www.hotbot.de
www.lycos.de

Meta-Suchmaschinen
www.ajondo.de
www.apollo7.de
www.ersucht.info

http://meta.rrzn.uni-hannover.de
(MetaGer; deutschsprachige Suchmaschine; Suche auch auf Forschungsservern möglich)

www.metabot.de
www.metacrawler.de
www.avana.de

Kataloge
www.allesfinder.de (regionaler Suchdienst)
www.allesklar.de
www.altavista.de
www.euroseek.com (europaweite Suche möglich)
www.fireball.de
www.information.de

Übergreifende Suchmaschinen
www.suchmaschine.de
(deutschsprachige und internationale Suchmaschinen, Spezialsuchmaschinen, regionale Suchmaschinen)

www.suchfibel.de

Presse im Internet
www.presseleser.de (Online-Presse zu unterschiedlichen Themen, Lexika, Natur, Technik, Politik, Nachrichten, Links zu verschiedenen Zeitungen und Zeitschriften etc.)

www.zdb-opac.sw (Zeitschriftendatenbank)

www.wissenschaft.de (Bild der Wissenschaft)
www.focus.de
www.faz.net (Frankfurter Allgemeine Zeitung)
www.pm-magazin.de
www.wissenschaft-online.de/spektrum
(Spektrum der Wissenschaft)

www.spiegel.de
www.stern.de
www.sueddeutsche.de
www.zeit.de

Öffentliche Einrichtungen
www.bpb.de (Bundeszentrale für politische Bildung)
www.bundestag.de
www.auswaertiges-amt.de

Erstellung von Statistiken
www.destatis.de (Statistisches Bundesamt)

www.wetteronline.de
(Wetterdienst: u.a. Ozonwerte, Wetter im Rückblick)

Referate
www.gym.moosburg.org/links/referate_halten.html
www.lernen-mit-spass.che
www.referate.de
www.referat-referate.de
www.educeth.ch

Lernen allgemein
www.lernforschung.com
www.lernen-heute.de
www.teachsam.de/arbtec.htm
www.uni-protokolle.de

REGISTER

A

B

C

D

E

F

G

H

I

K

L

M

O

P

Q

R

S

T